tredition®
www.tredition.de

AF203988

Von W. F. Keßler

Wolfgang wandert

www.tredition.de

Verlag: tredition GmbH, Hamburg

ISBN
Paperback 978-3-7439-0722-5
Hardcover 978-3-7439-0723-2
e-Book 978-3-7439-0724-9

Printed in Germany

„Nur wer seinen eigenen Weg geht,

kann nicht überholt werden ...“

(Aufschrift an der Autobahnunterführung zwischen Ützdorf
und Lanke, Brandenburg)

Inhaltsverzeichnis

1.   Wie es dazu kam, dass ausgerechnet ich
     diesen Weg beschreiten wollte

2.   Meine Vorbereitungen

3.   Die Anreise

4.   Der Weg

5.   Die Rückkehr

6.   Gedanken danach

1. Wie es dazu kam, dass ausgerechnet ich diesen Weg beschreiten wollte

Es ist Dienstag, der 11. Februar 2014, 22:45 Uhr. Das Fernsehprogramm gibt heute nicht allzu viel her. Eigentlich sollte ich sowieso nicht mehr so viel „in die Röhre" schauen. Nachdem ich noch drei Kapitel in meinem Zweitbuch gelesen habe, verspüre ich immer noch keine Müdigkeit; liegt wohl daran, dass ich in meinem Rentnerdasein angekommen bin.

Mein Zweitbuch ist ein historischer Roman, den mir Rita kürzlich geschenkt hat. Handelt im 17. Jahrhundert in England und liest sich ganz gut. Mein derzeitiges Erstbuch habe ich mir vor zwei Wochen aus der Bibliothek geholt. Habe mich hier vor vier Wochen angemeldet. Spare mir dadurch eine Menge Fahrerei nach Berlin, wo ich schon sehr lange Kunde in der Bücherei bin. Das Erstbuch lese ich besonders morgens als Begleitung für meinen Frühstückskaffee.

In meinem zwei Jahre zurückliegenden Arbeitsleben habe ich irgendwann angefangen, zwei Bücher parallel zu lesen – mein Frühstückskaffeebuch und meine Überbrückungslektüre für anfallende Wartezeiten während meines Zweitjobs im Winter als Kurierfahrer in Berlin. Im Sommer war ich ja Bademeister am Liepnitzsee, da blieb wenig Zeit für ein Zweitbuch.

Wenn ich mich weit zurückerinnere, lese ich schon sehr lange, mal mehr, mal weniger. Ich denke gern an die Zeiten als Kind, wenn ich sonntagmorgens im Bett, bewaffnet mit einem Teller mit 1 – 2 Stückchen Kuchen vor allem Abenteuerromane wegschmökerte. Wie ein roter Faden zieht sich das Lesen durch mein Leben. Dabei ist die Bandbreite der gelesenen Bücher groß. Von Abenteuer- über Phantasieromane, von Tatsachen- über Kriminalromane, von Reisebeschreibungen hin bis zu historischen Büchern.

Letztere waren dafür ausschlaggebend, dass ich erstmalig mit dem Phänomen Jakobsweg konfrontiert wurde. Immer wieder wurde besonders in historischen Romanen über Menschen berichtet oder Menschen erwähnt, die sich auf Pilgerschaft nach Santiago de Compostela befanden. Ihre Beweggründe waren die verschiedensten Versprechen gegenüber Familienangehörigen, zu Ehren von Verstorbenen, als Flucht aus ausweglosen Situationen, aus Abenteuerlust oder aus Sühne wegen begangenen Straftaten, um nur einige zu nennen.

Diese Romane bekamen einen ganz anderen Stellenwert, nachdem ich auf Anregung von Freunden und Verwandten Hape Kerkelings „Ich bin dann mal weg" gelesen hatte. Anfangs begegnete ich diesem Buch mit einer gewissen Skepsis, da Hape Kerkeling nicht unbedingt zu den Kreis von

Künstlern zählte, der mein besonderes Interesse erweckt.

Ich fing also an, dieses besagte Buch zu lesen und war nach kurzer Zeit von der Art und Weise, wie es geschrieben war, aber auch von seinem Inhalt sehr angetan. Seitdem bekam ich den Jakobsweg nicht mehr aus meinem Kopf. Ich fing an, mir alles Mögliche an Lesestoff zugänglich zu machen; es war wie eine Sucht. Reiseführer, Wegbeschreibungen, Bildbände und Jahr für Jahr ein großer Kalender für die Wohnung. Von den verschiedensten DVD's ganz zu schweigen, die ich mir des Öfteren angeschaut habe.

Nach und nach reifte in mir der Gedanke: „Diesen Weg musst du selber gehen!" Mein anfängliches Interesse für den Jakobsweg hatte eine neue Dimension erreicht.

Meine Gedanken begannen immer mehr, sich mit dem Jakobsweg zu beschäftigen. Fragen wie „Wann könnte ich diesen Weg gehen?" oder „Wie bereite ich mich konkret darauf vor?" traten immer mehr in den Vordergrund. In dieser Phase begann ich zu überlegen, wann ich frühestens aus dem Arbeitsprozess ausscheiden kann. Es folgten mehrere Termine bei der Rentenversicherungsanstalt. Auf Grund meiner besonderen beruflichen Situation – meinem Status als Saisonarbeiter – war es mir möglich, mit 61 Jahren vorzeitig mit entsprechenden Abzügen aus dem Arbeitsleben auszuscheiden. Die Abzüge konnte ich mit meiner Witwenrente ausgleichen.

Als dies geklärt war, konnte ich konkret werden und den Rentenantrag stellen. Sicher hätte ich noch weiterarbeiten können, aber es gab auch genug Gründe, dies nicht zu tun – die Arbeitskräfte-situation, der permanente Mangel an Rettungsschwimmern und nicht zuletzt das immer respektlosere Auftreten von Badegästen, um nur drei zu nennen.

Ich machte mein Team im Waldbad mit meinen Plänen vertraut. Was meine Gründe für mein Handeln anging, so traf ich auf volles Verständnis. In der nächsten Saison stand das gesamte Team nicht mehr zur Verfügung; Moni – Regelaltersrente, Rolf – gesundheitliche Probleme und Ines – endlich gemeinsames Wohn- und Liebesglück im gemeinsamen Heim.

Etwas ungläubig schauten sie dann doch, als ich ihnen von meinem Vorhaben berichtete. Meine Geschäftsführerin war zwar wenig erbaut über meinen Schritt, zeigte aber doch Verständnis dafür.

Nun galt es noch meinen Zweitjob zu beenden. Noch eine Saison Kurierfahrer und dann war's das.

Was werde ich vermissen? Im Bad sicher die gemeinsamen schönen Stunden im Team und vor allem die gegenseitige Verlässlichkeit untereinander, ohne die eine erfolgreiche Arbeit nicht möglich gewesen wäre. Das bezieht sich auch auf mein Verhältnis zu Ein-Euro-Jobbern. Sie waren voll in die Absicherung des Badebetriebes integriert.

Den Kurierdienst werde ich sicher auch vermissen. Schon wenn sich die Badesaison dem Ende zuneigte, bekam ich immer eine gewisse Sehnsucht nach der Stadt – sprich Berlin. Das frühmorgendliche Losfahren, das Freimelden am Funk nach einer freundlichen Begrüßung durch Simone oder Jana, selten Birgit. Claudia war meistens später dran – um 07:00 Uhr war nicht ihre Zeit. Hin und wieder gab es auch ein Gespräch am Servicetelefon, war schon etwas persönlicher.

Auch der Kontakt zu den Kunden und das immer wieder neue Kennenlernen der Stadt sowie der Umgebung waren das Schöne am Kurierdienst. Weniger berauschend war manchmal der Kampf um

Aufträge und oftmals stundenlanges Warten auf einen Kurierauftrag. Hier schließt sich der Kreis. Schon gleich zu Beginn meiner Kurierzeit aktivierte ich meinen Bibliotheksausweis und schlang die Bücher nur so in mich rein, selbstverständlich überwiegend historische Literatur.

Um noch einen Moment beim Kurierdienst zu verweilen, muss unbedingt die Regelmäßigkeit erwähnt werden – zwischen 09:30 und 10:30 Uhr möglichst Frühstück/Mittag im Auto und zwischen 13:30 und 15:00 Uhr konsequent eine Tasse Kaffee und ein Stück Kuchen bei einem ausgewählten Bäcker (Kuchen gab es übrigens auch im Bad, sehr zum Leidwesen meiner Kolleginnen …).

Der Abschied vom Kurierdienst fiel mir dann doch nicht so leicht. Noch ein perfekter Fahrtag, der mit einem Auftrag zum Lager in die Kurierzentrale endete. Danach Ausbau des Funkgerätes und Abgabe der Unterlagen – offizielle Verabschiedung durch die Kurierbetreuer mit dem Vermerk, dass ich jeder Zeit wieder willkommen bin.

Dann kam der schwere Gang hin zur Funkzentrale, Abschied von liebgewonnenen Kolleginnen und Gewohnheiten. Was blieb und bleibt sind Erinnerungen und das Versprechen, aus Santiago de Compostela einen Kartengruß zu senden.

Gänzlich löste ich mich dann vom Kurierdienst, indem ich meinen nächsten Termin wahrnahm – das Fiat-Autohaus in Berlin/Lichtenberg. Hier hatte ich schon vor sechs Wochen einen gebrauchten Lancia geordert. Jetzt galt es nur noch: Kurierauto in Zahlung geben und „Rentnerauto" in Empfang nehmen. Klappte alles reibungslos.

Das war aber auch das Einzige, was auf meinem Weg in die Rente problemlos funktionierte. Die Formalitäten zum Erreichen meines Rentenstatus dauerten dann insgesamt noch ein dreiviertel Jahr, bis endlich die Bescheide im Briefkasten landeten. Jetzt war endlich mein Kopf frei und ich konnte mit meinen intensiven Vorbereitungen auf meine große Wanderung beginnen.

2.   Meine Vorbereitungen

Dieses Kapitel möchte ich in zwei Bereiche unterteilen. Einmal meinen physischen und zum Anderen meine organisatorischen Vorbereitungen.

Bei dem Ersteren muss ich weiter zurückgreifen. Neben meinem aktiven Sport in der Kindheits- und Jugendzeit – ich habe mehrere Jahre Judo trainiert – muss ich besonders auf die Rolle des Laufens in meinem Leben hinweisen. Sie steht unmittelbar im Zusammenhang mit der Bewältigung meiner Alkoholkrankheit vor 30 Jahren.

Nach meinem fünfjährigen Erkenntnisprozess mit allen möglichen Tiefen dieser Krankheit begab ich mich im Dezember 1983 noch einmal in Behandlung mit dem Ziel, ab jetzt abstinent zu leben. Zwei Wochen nach Beginn meiner Therapie begann ich mir im Park des Krankenhauses eine Laufstrecke anzuschauen und zu trainieren. Rundenlaufen –

330m – anfangs 5 Runden, zum Ende der Behandlung 20 Runden; 3 x in der Woche. Dies setzte ich auch nach meinem Klinikaufenthalt fort und steigerte mich auf 10 Kilometer pro Trainingsrunde; 2 – 3 x in der Woche. Nach einer Untersuchung beim Sportmedizinischen Dienst fuhr ich die Intensität meiner Laufleistungen auf 1 x pro Woche und 10 Kilometer zurück. Ich trug damit der Diagnose – mittlere Abnutzung im linken Hüftgelenk – Rechnung.

Mit der Aufnahme meiner Arbeit im Waldbad Liepnitzsee stellte ich mein Laufrhythmus auf 1 – 2 x wöchentlich ein – eine Runde um den See 8 km. Das genügt, um die Kondition zu erhalten und für allgemeines Wohlbefinden zu sorgen. Insgesamt zusammengerechnet bin ich den Jakobsweg ca. 10 x gejoggt.

Zum Wandern. Meine Wanderungen beschränkten sich anfangs nur auf meinen zehntägigen Aufenthalt in Österreich. Diesen gönnte ich mir erstmalig 2003. Ein Jahr zuvor war meine Frau gestorben. Nach der Waldbadsaison fuhr ich in Richtung Attersee in Oberösterreich. Ich wollte endlich einmal für mich allein sein und meinen Gedanken nachgehen.

Während meines ersten Aufenthalts nutzte ich die Zeit hauptsächlich, um die Gegend, Land und Leute kennen zu lernen. In den darauf folgenden Jahren begann ich mit meinen Wanderungen. Es handelte sich überwiegend um Seeumwanderungen von mehreren Stunden. Als „Belohnung" gab es immer ein Stück Marillen- oder Pflaumenkuchen oder, oder, oder. Auf jeden Fall mit einer schönen Portion Schlagobers.

Nachdem ich meine neue Partnerin Rita kennengelernt hatte, plante ich meine Wanderungen um.

In Zukunft wurden die Seeumwanderungen gemeinsam absolviert. Des Weiteren vereinbarten wir im Urlaub in den ersten zwei Jahren einen „Alleintag" für mich. Diesen Tag nutzte ich, um anspruchsvollere Wanderungen zu unternehmen. Es ging zum Hinteren Gosausee – 1 ½ Stunden permanent bergauf. Weiterhin handelt es sich um meinen Leidensweg von St. Gilgen nach St. Wolfgang.

Im Mittelalter ging der Legende nach, der Heilige St. Wolfgang diesen Weg, um Abbitte zu tun. Der Weg von St. Gilgen aus führt erst eine Stunde unmittelbar am Ufer des Wolfgangsee entlang, um dann steil anzusteigen. An den Kehren der Serpentinen des Weges sind regelmäßige Stationen angelegt, die Aufschluss über den Leidensweg geben sollen. Unterwegs findet man auch einen größeren und mehrere kleinere Hügel aus aufgeschichteten Steinen, die Wanderer oder Pilger dort abgelegt haben, um zu Gedenken oder ihre Wünsche zu verewigen. Diese Form, dem Grundgedanken des Pilgerns Ausdruck zu verleihen, begegnete ich dann auf dem Jakobsweg des Öfteren.

Während meines letzten Österreichurlaubs vor meiner Wanderung, suchte ich mir auch einen Stein in meinem Lieblingsflussbett. Hier machte ich täglich Station, um ein paar Minuten im kalten Wasser zu waten. Dies wurde im Laufe der Jahre zum Ritual. Das Faszinierende an diesem Flussbett war, wie es von Jahr zu Jahr seinen Verlauf etwas änderte.

Anlässlich meines 60. Geburtstages schenkte mir Rita eine Fahrt mit der Schafbergbahn in St. Wolfgang. Ich genoss die Fahrt auf den Berg. Nach einer Stunde Rast begann ich mit der Wanderung bergab. Ich verzichtete auf die Rückfahrt.

Ein Jahr später entschloss ich mich, den Schafberg von St. Gilgen aus zu Begehen und den Rückweg nach St. Wolfgang ebenfalls zu laufen. Dies sollte auch gleichzeitig eine persönliche Überprüfung sein, um zu testen, wie ich mit dem langen steilen Anstieg auf 1786 m klar komme. Die Pyrenäen, die gleich am Anfang des Jakobsweges zu überqueren sind, belaufen sich auf 1437 Höhenmeter.

Von St. Gilgen aus war ich 3 ½ Stunden unterwegs mit einer Pause von 20 Minuten. Es war schon ein erhabenes Gefühl, auf einmal auf dem Berg zu stehen, den ich schon oft aus der Ferne gesehen habe. Gleichzeitig hatten sich bei mir alle Bedenken, was meine vorgesehene Überquerung der Pyrenäen betraf, zerstreut. Sowohl der erste als auch der zweite Abstieg waren noch ein gutes Training, um mit den unterschiedlichsten Bodenbeschaffenheiten klarzukommen. Von unwegsamer Grasstrecke bis zu langen Geröllstrecken – alles war dabei und allen sollte ich auf dem Jakobsweg wiederbegegnen.

Damit schloss ich auch mein vorbereitendes Training in Österreich ab.

Den zweiten Teil meiner Übungswanderungen absolvierte ich unmittelbar in der hiesigen Region. Hier ging es mir besonders darum, das Gefühl für lange Strecken zu bekommen. Dazu gehörten u.a. Wanderungen von 2 – 3 Runden um den Liepnitzsee – 18 bzw. 26 Kilometer von zu Hause aus gemessen. Dies war besonders wichtig, um das Verhältnis Strecke / Zeit zu testen. Dabei hatte ich auch immer ein Auge für die Natur übrig und saugte sie förmlich in mich auf.

Das ist auch der wesentliche Unterschied zum Joggen. Hier muss man doch mehr auf den Weg achten und Stehenbleiben, um die Aussicht zu genießen, bedeutet unweigerlich, aus dem Rhythmus zu kommen. Dies gestaltete ich im Wesentlichen wie folgt:

1 Tag Wandern – 1 Tag Joggen – 1 Tag Wandern

und das immer wochentags.

Mit dem Wandertraining habe ich 2010 im Sommer begonnen. Meine Lieblingsstrecke führte von zu Hause aus über den südlichen Höhenweg am Liepnitzsee entlang nach Ützdorf. Von dort aus weiter nach Lanke. Ortsausgangs von Lanke begrüßte ich meine „Freunde" in der Schweinemastanlage, natürlich nur im Vorbeigehen. Dann war die erste kurze Pause angesagt – zwei bis drei Schluck Leitungswasser und zwei Möhren. Das nächste Ziel war Prenden. Der Ort strahlt irgendwie Ruhe aus. Mitten im Ort unterquert ein kleiner Bach die Straße; für mich ist es eine Pflicht, am Geländer kurz auszuharren und nach möglichen Fischen zu schauen. Zweimal habe ich welche gesehen. Dann war ich immer mit mir und der Natur besonders zufrieden. Am Ortsausgang biege ich immer links ab und gehe in Richtung Ützdorf; dieser Weg führt durch den Wald.

Hier werde ich mit der jüngsten Vergangenheit konfrontiert. Mitten im Wald liegt eine alte

Schießanlage. Sie wurde seinerzeit von der DDR-Führung zu Übungszwecken errichtet. Auf der anderen Seite des Weges erstreckt sich ebenfalls ein großes Sperrgebiet. Hier befinden sich die Hinterlassenschaften von Erich Honecker's Atombunkeranlage – und das alles friedlich mitten im Wald.

Nach einer guten halben Stunde stoße ich auf ein weiteres Relikt der DDR-Vergangenheit. Ich betrete das riesige Gelände der ehemaligen Jugend-hochschule der FDJ. Das Areal umfasst mehrere Bettenhäuser und zwei große Hauptgebäude, dazwischen eine große Parkanlage und alles in stalinistischer Bauweise erstellt (vergleiche Karl-Marx-Allee in Berlin). Hat alles eine gewisse Ähnlichkeit mit einer großen Schlossanlage.

Etwas abseits gelegen das ehemalige Jagdhaus von Goebbels. Wurde nach der Wende zeitweilig als Ausflugsgaststätte geführt, hat sich aber auf Dauer nicht gerechnet. Das Interesse für solche

Baulichkeiten lässt eben mit der Zeit nach. Außerdem gibt es zu viele davon.

Am Rande der Parkanlage habe ich einen schönen Rastplatz für meine große Pause entdeckt. Ein ovaler kleiner Teich in kleine Pflastersteine gebettet. Hier verweile ich immer und genieße die Stille, meine Stulle, meinen Apfel und zwei bis drei Schluck Leitungswasser aus der Flasche ...

Der weitere Weg führt mich dann über die Waldstraße zurück nach Ützdorf und von dort am Südufer des Liepnitzsees bis zu einer kleinen Badestelle 1,5 km vom Ausgangspunkt meiner Wanderung entfernt. Jetzt ist noch einmal Pause angesagt – Badepause. Das heißt, raus aus den durchgeschwitzten Sachen und rein ins Wasser. Nach knapp 23 km Wanderung sehr erfrischend. Danach saubere Sachen aus dem Rucksack anziehen und mit leichterem Schuhwerk (Sandalen) zurück nach Hause. Soviel zu meiner Lieblingsstrecke.

Weitere Varianten der Übungswanderungen ähneln der oben beschriebenen Strecke.

1. Variante

Gleiche Streckenführung bis nach Prenden, von dort weiter nach Klosterfelde – Pause auf einer Bank vor der Kirche und dann weiter über Wandlitz zurück zum Ausgangspunkt; 26 km überwiegend Asphaltpiste. Wichtigste Erfahrung: Sobald man einen Fremdkörper im Schuh spürt, egal wie groß, anhalten und entfernen, ansonsten Blasengefahr! Ich hatte nur eine Druckstelle. Dies gilt für meine gesamten Wanderungen.

2. Variante

Lieblingsstrecke – Ützdorf – Lanke-Prenden – Ützdorf. Ab Ützdorf diesmal am Nordtufer des Liepnitzsees entlang bis zur erwähnten Badestelle und danach noch eine komplette

Seeumrundung, insgesamt 31 km. Dies ist gleichzeitig die längste Streckenführung.

Einen Höhepunkt meiner Übungswanderungen bildeten meine Touren um den Werbellinsee (ca. 25 km). Die Strecke führt zur Hälfte über Landstraße bzw. Radweg und die andere auf angenehmem Waldboden. Bin diese Strecke 2 x gegangen (verschiedene Tage). Landschaftlich zweifellos ein Genuss, jedoch haben permanente Mückenplagen mich davon abgehalten, diese Strecke bisher noch einmal zu gehen. Bei diesen kleinen Biestern hört der Spaß auf. Hoffentlich erwartet mich Ähnliches nicht in Spanien. In den einschlägigen Reiseführern ist jedenfalls nichts vermerkt.

Als Höhepunkt und gleichzeitig Abschluss meiner vorbereitenden Wanderungen bildete mein 5-Tage-Programm – jeden Tag eine meiner Übungsstrecken. Dies habe ich alles ohne gesundheitliche Probleme absolviert. Sicherlich schmerzt es mal hier und mal da, aber ich sagte mir: Bei der Belastung ist dies normal. Nach ca. 2 – 3 Stunden Erholungsphase war alles wieder ziemlich normal. Mit Blasen hatte ich in der gesamten Vorbereitungszeit keine Probleme.

Wichtigstes Werkzeug für mein Training war das Schuhwerk. Ich hatte mir für 70,- Euro ein Paar knöchelfreie Wanderschuhe von der Firma „Regatta" gekauft – im Outdoorausstatter im unteren Preissegment. Sie waren während der gesamten Übungszeit meine treuen Begleiter. Ich trage sie übrigens heute noch.

Für meine eigentlichen Wanderungen hatte ich zur Auswahl zwei Paar hohe Wanderschuhe per Katalog geordert. Ein Paar habe ich nach einem kurzen Probegehen in der Wohnung wieder retour gesandt – Fußbett zu schmal geschnitten und Schaft aus zu steifem Material. Das andere Paar hatte ich gangbar gemacht. Habe den Schaft etwas geweitet. Ansonsten ließen sie sich gut laufen. Leider wiesen sie nach ca. 100 km Training im Sohlenbereich leichte Verschleißerscheinungen auf. Ich beschoss, mich in Sachen Schuhe noch einmal umzu-orientieren.

Gemeinsam mit meinem Kurierdienstbeifahrer Dieter suchte ich den Globetrotter (ein Spezial-ausstatter für Outdoorausrüstungen) in Berlin auf. Grund genug hatte ich dafür. Als Abschiedsgeschenk hatte ich vom DRK Bernau, meinem Arbeitgeber im Waldbad, einen Gutschein für den Globetrotter erhalten, verbunden mit den besten Wünschen auf meinem Weg. Diesen galt es nun einzulösen. Außerdem hat es mir in meiner Kurierzeit immer Spaß gemacht, mit Beifahrer Dieter kreuz und quer durch Berlin oder das Umland zu düsen. Wie viel Bäckerläden und Imbisse wir dabei aufgesucht habe

– diese Frage wird wohl nie beantwortet werden. Wir kennen jetzt aber die Besten ... So viel dazu.

Im Globetrotter steuerten wir zielgerichtet die Schuhabteilung an. Hier fielen mir sofort ein paar halbhohe Schuhe der Firma Ecco auf. Es war ein Einzelpaar und auch noch in meiner Größe verfügbar. Ich suchte mir aus einer Kramkiste ein Paar mittelstarke Probesocken aus und machte den Anpassungstest. Die Wanderschuhe saßen perfekt – kein Drücken, kein Engegefühl. Nach zwei Proberunden auf der Teststrecke im Laden stand für mich ziemlich fest, dass dies die Richtigen sind. Sicherheitshalber probierte ich noch ein Alternativpaar eines anderen Herstellers an, aber es hatte keine Chance gegen die Ecco-Treter. Damit war zwar mein Gutschein um 100,- Euro überschritten, doch das war mir die Sache wert. Ich wollte bei meinem Vorhaben einfach keine Pleite erleben. Diese Entscheidung sollte ich später auf dem Jakobsweg auch nicht bereuen. Die Schuhe haben mich in keiner Situation im Stich gelassen. Ich testete sie noch auf meinen Probewanderungen (insgesamt ca. 80 km) und mein gutes Gefühl, welches ich von Anfang an im Globetrotter hatte, wurde nicht enttäuscht. Die wichtigste Anschaffung war damit getätigt.

Zum Thema Rucksack. Zu Beginn meiner längeren Probewanderungen entdeckte ich in einem der regelmäßigen ALDI-Werbungen ein Angebot über Wanderrucksäcke für knapp 17,- Euro. Ich nahm so einen Rucksack im ALDI-Markt in Augenschein und kam zu dem Resultat, dass dieser für meine Trainingszwecke ausreichen sollte. Die Raumaufteilung war optimal (45 l Volumen). Ein großes Innenfach, ein kleines Innenfach, im Boden ein Außenfach mit integrierter Regenhülle und drei weitere Außenfächer für Kleinkram. Ein Manko waren fehlende Außenaufnahmen für Getränkeflaschen. Ansonsten gut gepolsterte Gurte inklusive zwei kleiner Taschen für Kleingeld, Schlüssel usw. Schulter- und Beckengurte waren gut verstellbar, das Rückenteil war ebenfalls gut gearbeitet und schaffte genügend Abstand zwischen Rücken und Rucksack. Der Rucksackkörper bestand aus robustem, wasserabweisendem Material.

Meine erste Probewanderung mit dem Rucksack ist mir schmerzlich in Erinnerung geblieben. Ich sage nur: falsche Handhabung. Um auf ein realitätsnahes Packgewicht zu kommen, besorgte ich mir drei leere 2-l-PE-Flaschen. Diese füllte ich im Waldbad mit feinem Sand. Die Flaschen sowie ein paar weitere Utensilien wie ein T-Shirt, ein Handbuch sowie Nahrung und ½-l-Wasserflasche gab ich in den Rucksack und erreichte damit ein Packgewicht von gut acht Kilogramm. So weit so gut. Mit diesem Gepäck auf den Schultern machte ich mich auf den Weg. Die Belastung voll auf die Schultern gelegt.

Das war ein fataler Fehler, den ich mit erheblichen Nacken- und Schulterschmerzen bezahlte. Ursache für die Schmerzen war offensichtlich eine falsche Handhabung der Gurteinstellung am Rucksack. Ich beschäftigte mich noch einmal eingehend mit dem Gurtsystem. Meine nächste Wanderung verlief wesentlich schmerzfreier. Mit dem Gewicht hatte ich keine Probleme. Trotzdem reduzierte ich für die Zeit der Vorbereitung auf den Jakobsweg um eine Sand-Wasserflasche. Dies sollte für ein intensives Training genügen.

Den eigentlichen Rucksack für die große Wanderung kaufte ich mir bei den Aussteigern, ein Spezialausstatter für Freizeitaktivitäten. Die Aussteiger kannte ich aus meiner Tätigkeit als Badleiter am Liepnitzsee. Sie veranstalten jahrelang im Januar/Februar ein Wochenendcamp im Waldbad. Die Aussteiger betreiben u. a. auch ein Ladengeschäft in Berlin/Prenzlauer Berg. Diesen

Laden suchte ich auf, um eine entsprechende Auswahl zu treffen. Noch einen Fehlkauf über Katalog (siehe Schuhe) wollte ich mir nicht leisten.

Nachdem ich mein Anliegen geäußert hatte, wurde ich sehr gut beraten. Das erste Modell, mit dem ich eine Proberunde im Geschäft machte, war irgendwie unbequem. Mit dem zweiten Modell wurde ich fündig. Nach einer Korrektur in der Tragegurt-verstellung passte er perfekt. Das Tragegefühl war angenehm. Der Preisunterschied zum ALDI-Rucksack war allerdings auch nicht ohne – statt 17,- Euro : 150,- Euro. Dabei bewegte ich mich noch im unteren bis mittleren Preissegment.

Einmal in dem Laden nutzte ich die Gelegenheit und wählte mir noch eine hochwertige Hose von „Fjäll Räven" aus. Diese sollte den Anforderungen, die mich erwarteten, gerecht werden. Bei 129,90 Euro setzte ich das voraus. Ich wurde später nicht enttäuscht ...

Nach einigen kleineren Anschaffungen war meine Ausstattung nahezu komplett. Ein wichtiger Bestandteil meiner Ausrüstung war ein E-Book Reader von Weltbild. Ich halte zwar nicht allzu viel von elektronischen Büchern, aber um meinen Bedarf an Lesestoff während der Wanderung zu sichern, schien mir dies eine gute Alternative zu sein. Allein das Gewicht und das Volumen von herkömmlichen Büchern würden meinen Rucksack und mich einfach überfordern. Knapp 3000 Seiten auf A 5 Format und ca. 250 g schwer, das spricht schon für sich. Wegen des Akkus machte ich mir erst etwas Sorgen, obwohl die Kapazität auf eine Woche ausgelegt war. Ich kannte ja nicht die Bedingungen vor Ort, was die Möglichkeiten des Ladens betraf. Diese Sorgen sollten sich später als vollkommen unbegründet erweisen.

Ein weiterer Bestandteil meiner technischen Ausrüstung war ein Handy. Dieses sollte nur für

Notfälle dienen und mir ein Minimum an Kontakt zur Außenwelt, sprich meinen Lieben zu Hause gewährleisten. Ich hatte vorab vereinbart, dass ich mich 1 x wöchentlich melde, um über mein allgemeines Befinden Auskunft zu geben. Auch diese minimalistischen Zeiten waren dem Nichtkennen der Handylademöglichkeiten geschuldet.

Letztes technisches Gerät meiner Ausstattung war mein gut 10 Jahre alter Fotoapparat der Marke Samsung; natürlich analog und mit Einwegbatterien sowie 36er Bildfilmen. Bei der Auswahl dieses Gerätes hatte ich mich von verschiedenen Aspekten leiten lassen:

1. Stromversorgung
Ich war unabhängig von Steckdosen oder irgendwelchen Ladestationen und -geräten. Sicherheitshalber habe ich noch eine Ersatzbatterie eingekauft.

2. Handhabung

In der Handhabung war die Kamera sehr einfach – einmal durch das Suchfenster schauen, sich zwischen Hoch- oder Querformat entscheiden und knipsen. Vier Negativfilme sollten ausreichen (144 Bilder). Diese begrenzte Anzahl an Bildern habe ich bewusst gewählt. Eine Digitalkamera ermöglicht zwar wesentlich mehr Aufnahmen, birgt aber die Gefahr in sich, dass man mit der Sorgsamkeit der Auswahl der Motive nachlässiger umgeht und man nur noch fotografierend durch die Gegend läuft. Dies sollte nicht Sinn und Zweck meiner Wanderung sein.

Ein weiterer Aspekt für meinen Griff zur analogen Kamera war auch die Erkennbarkeit der Motive bei großer Helligkeit. Hier ist im Focus alles zu erkennen. Im Vorfeld hatte ich noch einmal einen Versuch gestartet, ob so eine Digitalkamera doch die bessere Lösung ist, konnte meine Bedenken betreffs der Erkennbarkeit der Motive bei Sonnenlicht nicht ausräumen. Eine letztendlich bei ALDI gekaufte Top-Digitalkamera habe ich zwei Tage später zurückgebracht, obwohl ich mit ihr bis zu einer Tiefe von drei Metern auch unter Wasser hätte knipsen können. Vielleicht regnet es ja nicht so stark...

Neben der technischen Vorbereitung auf die Wanderung befasste ich mich eingehend mit der Anreise zum Ausgangspunkt meines Unterfangens in St Jean Pied de Port. Von vornherein hatte ich dabei für mich das Flugzeug als Verkehrsmittel ausgeschlossen. Gründe hierfür waren die Kosten und die Umständlichkeit. Lediglich die Zeitersparnis sprach dafür, aber Zeit habe ich ohne Ende... Außerdem schaue ich mir beim Fahren immer gern die Landschaft, Städte und, und, und an, was beim

Fliegen doch nicht so gegeben bzw. nur ein kurzzeitiges Erleben ist. Dabei lasse ich die Gedanken in die Ferne schweifen oder gebe mich einfach Tagträumen hin.

Bei meinen Recherchen stützte ich mich vor allem auf Informationen aus einschlägigen Reiseführern. Bei der Kostenrechnung war die Anreise mit dem Bus die Günstigste. Letztendlich entschied ich mich aber doch für die Bahn. Für 186,- Euro von Berlin nach S.J.P.d.P. inklusive Schlafwagenzuschlag von Berlin bis Düsseldorf sind ein guter Preis gewesen. Ausschlaggebend für die Entscheidung, den Zug zu nehmen, war nicht zuletzt der Umstand, dass ich mich im Zug freier bewegen konnte, was für mich mit einer gerade ausgestandenen Thrombose nicht unwichtig war.

Ich nahm also acht Wochen vor geplantem Reiseantritt Verbindung zum Frankfurter Reisebüro Gleisnost auf, um mich kundig zu machen.

(Gleisnost hat sich u.a. auf Pilger auf dem Jakobsweg spezialisiert.) Nach kurzer telefonischer Darlegung meines Ansinnens bestätigte man mir die Richtigkeit und Kompetenz der Adresse und versprach mir, um unnötige Wartezeit zu vermeiden, mich in ca. 10 – 15 Minuten zurückzurufen. Nun ja, ich bin Skeptiker, aber prompt, noch vor der angegebenen Zeit klingelte mein Telefon und ich erhielt eine detaillierte Beratung betreffs meines Vorhabens. Das Angebot überzeugte mich und ich gab sofort die Bestellung der Fahrkarten durch. Dies geschah am späten Vormittag.

Am nächsten Tag waren meine Tickets bereits im Briefkasten – das nenne ich perfekten Service. Als Bonbon obendrauf für die Bestellung gab es noch einen Metro-Fahrschein in Paris gratis. Diesen benötigte ich auch, um vom Bahnhof GAR de East zum GAR de Nord zu gelangen.

Ein unabdingbarer Mosaikstein für meine Vorbereitung war die Beschaffung eines Pilgerpasses – auch Credencial del Peregrino genannt. Hierzu wandte ich mich telefonisch an die Fränkische St. Jakobus Gesellschaft in Würzburg. Nach der Schilderung meines Anliegens und der Durchgabe meiner persönlichen Daten per Fax war auch dieser Schritt getan. Kurze Zeit später hatte ich auch dieses Mosaik meiner Vorbereitungen im Briefkasten. Dieser Credencial del Peregrino sollte sich im Zuge meiner Wanderung als wichtigstes Dokument überhaupt herausstellen. Der C.d.P. war unabdingbar, um überhaupt in einer der Herbergen nächtigen zu können oder später in Santiago die begehrte „Compostela" zu erhalten.

Nachdem ich mich mit dem nötigen Kleingeld versorgt hatte (300,- Euro in kleinen und größeren Scheinen), waren meine Vorbereitungen soweit abgeschlossen. Das Abenteuer konnte beginnen, besser gesagt, ich begab mich in die heiße Phase meiner Vorbereitungen. Dazu gehörte unbedingt das Packen meines Wanderrucksackes. Schon ca. zwei Wochen zuvor hatte ich damit begonnen, nach und nach meine Wanderutensilien zusammenzutragen. Ich orientierte mich dabei grob an der Packliste von Beate Steger, deren DVD über ihre Erfahrungen und Erlebnisse auf dem Jakobsweg ich mehrfach angeschaut hatte.

Zum Glück habe ich in meiner Wohnung ein Gästezimmer, welches ich nach und nach in ein kleines Heerlager verwandelte. Erstaunlich, was alles in den Rucksack reingehen sollte:

1 warmes Sweatshirt mit langem Arm

3 T-Shirts mit kurzem Arm

1 Wanderhemd zum „Ausgehen"

3 Unterhosen zum Wechseln

2 Paar Wandersocken, natürlich mit

R und L-Kennung

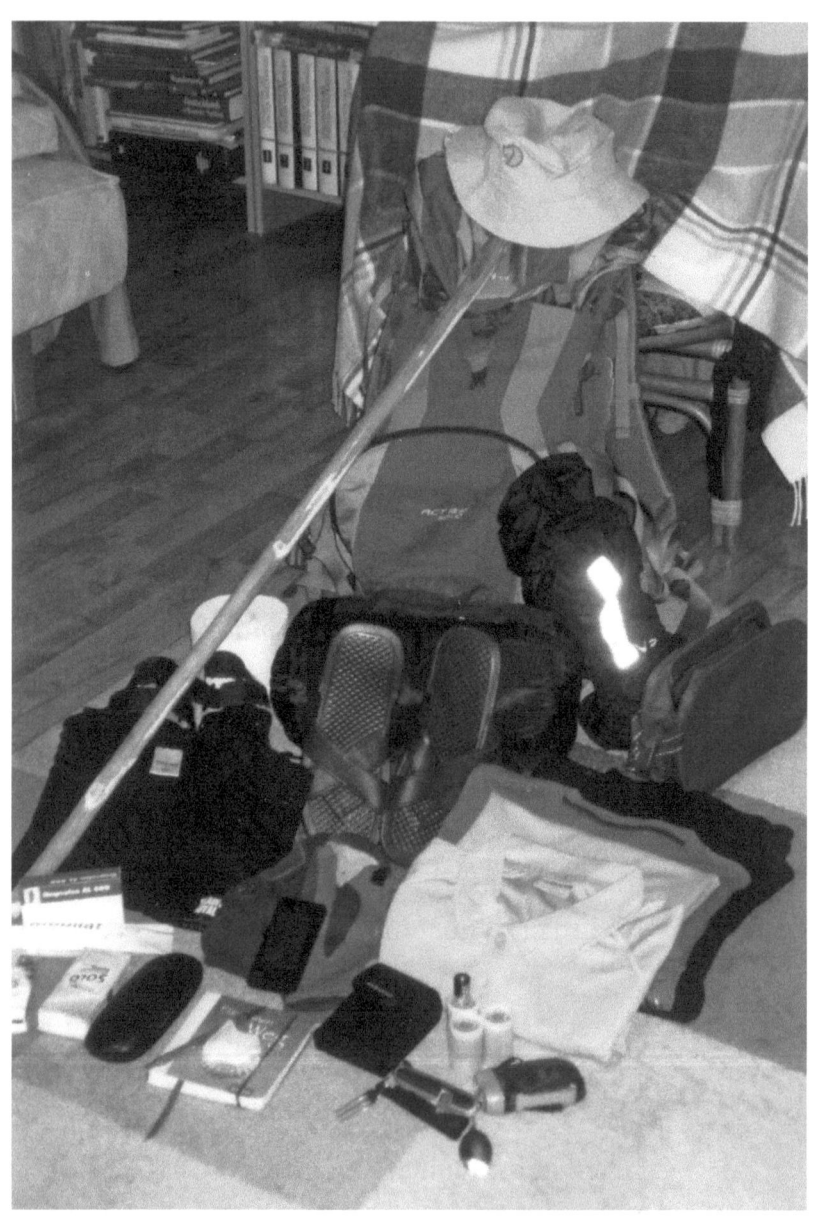

Rucksackutensilien

1 Microfaser-Zipp-Hose, lang

1 Regenjacke mit Netzfutter, auch als
Anorack gedacht

2 Duschhandtücher

1 Paar Wandersandalen

1 Regenumhang

1 Kulturtasche

5 Päckchen Tempo-Taschentücher

1 Plastiktüte mit Apothekermaterial
(Pflaster, Ibuprophentabletten, Mobilat,
Ohrstöpsel)

3 Ersatzfilme, 1 Ersatzbatterie für den
Fotoapparat und natürlich
der Fotoapparat

1 E-Book mit Zubehör

1 Tube Waschpaste für kalte Wäsche

1 Sprachführer „Kauderwelsch"
Deutsch-Spanisch

1 Wanderführer

1 Tagebuch sowie Schreibzeug

1 kleines Taschenmesser, 1 O-Besteck

1 Dynamo-Taschenlampe (für Senioren)

1 Handy mit Zubehör

1 x wichtige Papiere: Personalausweis,

Krankenkarte, EC-Karte,

Pilgerpass, Fahrkarten und Bargeld

1 Schlafsack und nicht zu vergessen –

1 Rolle für alle Fälle (Toilettenpapier)

1 Päckchen Kaffee 250 g + 1 Trinkbecher

Das alles galt es nun, schön differenziert in Plastiktüten verpackt – Rita sei Dank – in den Rucksack zu verstauen. Gesagt – getan. Erstaunlich, was in ein solches Packstück alles reinpasst. Mehr aber auch nicht. Ich hatte das Volumen ausgereizt. Was mache ich aber mit Nahrung für unterwegs? Das war die große Frage.

Für zwei Getränkeflaschen waren zum Glück außerhalb des Rucksacks Fächer vorgesehen. Mein zweites Problem sollte sich nach dem Aufsetzen des

Rucksacks und meinem Probegang auf die Waage herausstellen: 13 kg. Das war ganz schön heftig.

Hier bedarf es noch einer Änderung. Also noch einmal alles auspacken und einer gründlichen Bestandsprüfung unterziehen. Reduzieren war angesagt, dabei dachte ich doch, dass ich mich auf das Notwendigste beschränkt habe. Die große Frage war: „Wo kann ich noch sparen?" Einmal an Gewicht und einmal an Volumen. Ich hatte ja noch keine Nahrung im Gepäck. Das konnte und durfte nicht sein.

Ich nahm mein Gepäck also nochmals unter die Lupe. Bei den Duschhandtüchern begann ich zu reduzieren. Ein großes Handtuch gegen ein kleineres – das schafft etwas Platz. Nach gründlichen Überlegungen entschied ich mich, auch meine Wandersandalen aus dem Gepäck zu verbannen. Eine Rolle Toilettenpapier benötigt zu viel Platz – 20 Blatt müssen für den hoffentlich nicht eintretenden Notfall genügen. Der gewonnene Platz sollte ausreichen, um entsprechend Verpflegung mitzuführen. Das Gewicht des Rucksacks hatte sich auch um knapp 2 kg reduziert. Das war erträglich. Um den Mangel an einem zweiten Paar Schuhwerk etwas auszugleichen, kaufte ich im nahegelegenen Teddy-Markt ein Paar superleichte Badelatschen – schließlich hatte Hape Kerkeling bei der Überquerung der Pyrenäen auch auf seine Badelatschen zurückgegriffen, da seine Wander-schuhe durchnässt waren... Diese 3-Euro-Wegbegleiter (teurer waren sie nicht) konnte ich problemlos außerhalb des Rucksacks deponieren, da sie ja wasserfest waren.

Ein erneuter Rucksackpackversuch war von Erfolg gekrönt. Es passte alles hinein. Als krönenden Abschluss meiner Vorbereitungen gönnte ich mir noch eine Probewanderung von 11 km in Vollausstattung, um eventuelle Störfaktoren aufzudecken und zu beseitigen.

Meine Mühen bei der Vorbereitung betreffs Gepäck und Bekleidung wurden belohnt. Ich brauchte keine Veränderungen mehr vorzunehmen.

3.   Die Anreise

Nachdem ich mich von meinen Freunden und Verwandten verabschiedet hatte, rückte der Tag der Abreise näher. Termin für den Beginn des „Ernstfalls" war der 29. August 2013, um 00:32 Uhr via Hauptbahnhof in Berlin. Den Transport zum Bahnhof hat mein Schwiegersohn Karsten übernommen. Er hat mit der etwas unchristlichen Zeit kein Problem - nun ja - jung, dynamisch und erfolgreich selbstständig, da ist Verlässlichkeit vorprogrammiert.

Am Bahnhof angekommen noch ein Erinnerungsfoto und dann konnte es losgehen. Erst mal auf den Bahnsteig gehen mit Rucksack und genügend Zeit im Gepäck bis zur Abfahrt des Zuges… Da stand ich nun, der kleine Wolfgang Keßler und wollte hinaus in die weite Welt. War schon ein komisches Gefühl.

Der pünktlich einfahrende Zug in Richtung Düsseldorf brachte mich auf andere Gedanken.

Das richtige Abteil im richtigen Wagen gefunden, den reservierten Schlafplatz auch; jetzt konnte nichts mehr schief gehen, eigentlich. Aber die Deutsche Bahn wäre nicht die DB, wenn sie nicht für Überraschungen sorgen würde, meist unliebsame. Und so war es dann auch.

Eine Stunde Verspätung bis Düsseldorf wegen veränderter Streckenführung auf Grund von Hochwasserschäden... In Düsseldorf hatte ich aber nur knapp 60 Minuten Zeit zum Umsteigen in den TGV nach Paris! Damit war mein Fahrplan gleich am ersten Zwischenstopp gekippt. Jetzt galt es kühlen Kopf zu bewahren und zu handeln. Letztendlich vermerkte mir der Zugbegleiter (Schaffner) diese Misere auf dem Fahrschein. Er empfahl mir im Zug zu verbleiben und in Köln einen Anschlusszug nach Paris zu nehmen. Dazu musste ich mir nur meinen Fahrschein für den TGV in Köln im zuständigen Reisebüro umschreiben lassen. Das geht problemlos auf Grund der bestätigten

Verspätung – theoretisch. Die Praxis sah da etwas anders aus. Die DB hat sich vom zuständigen französischen Reisebüro Thalys getrennt und Thalys hat ein eigenes Büro außerhalb des Bahnhofs quer über den Vorplatz, welches erst um 08:00 Uhr öffnet. Na danke auch. Zum Glück hatte ich genügend Zeit. Meine neue Verbindung Köln-Paris ging erst gegen 09:00 Uhr los. Jetzt war es kurz nach sieben – Zeit zu frühstücken.

Am Eingang der Bahnhofshalle war zum Glück ein Backshop von „Steineckes", in dem schon reger Betrieb herrschte. Nachdem ich meinen Hunger gestillt hatte, sagte mir meine innere Stimme: „Geh' schon mal zu dem Reisebüro und erkunde die Lage." Danke innere Stimme! Vor dem Büro warteten bereits 2 Personen und es war erst 40 Minuten vor 08:00 Uhr. Ich gesellte mich hinzu und hatte nun genügend Zeit, den Kölner Dom zu bewundern, zumindest von der einen Seite. Meine Entscheidung, gleich zu warten, war richtig, denn nach und nach gesellten sich noch ca. 30 Personen zu den Wartenden dazu, offensichtlich mit dem gleichen Anliegen.

Das Büro von Thalys öffnete pünktlich und die Umschreibung meiner Fahrkarte ging zügig vonstatten. Offensichtlich waren die netten Damen schon darauf spezialisiert. Mein Zeitrahmen gestaltete sich auch sehr positiv. Ich konnte mich ganz in Ruhe zum entsprechenden Bahnsteig begeben und auf meinen Zug nach Paris warten.

Dieser fuhr pünktlich in den Bahnhof ein. Dank sehr guter Orientierungspläne betreffs Wagenanordnung brauchte ich nicht zu suchen und fand auch recht schnell meinen reservierten Platz. Mein etwas sperriger Rucksack ließ sich ganz gut verstauen. Nun konnte es losgehen, was auch geschah.

Für mich war jetzt „Landschaftschauen" angesagt. Das war schon immer so.

Immer, wenn ich mit irgendetwas irgendwohin fuhr, waren meine Blicke nach draußen gerichtet, um möglichst viel Neues in mich aufzunehmen. Selbst wenn ich alleine mit dem Auto unterwegs war, hatte ich immer ein Auge auf die Umgebung gerichtet. Kommt hier etwa ein klein wenig Bestimmung zum Vorschein. Neues, Unbekanntes zu sehen, zu erleben, den Jakobsweg zu gehen?

Die Fahrt nach Paris verlief problemlos. Beeindruckend war, wie der TGV Kilometer für Kilometer förmlich fraß und wie er sich mit einem deutlichen Zischen in die Kurven legte.

Die Ankunft in Paris entsprach der für diesen Zug vorgesehenen Zeit, zu gut deutsch, er war pünktlich. Aber wieder nicht für mich, denn mein Anschlusszug nach Bayonne war auf Grund der vorangegangenen Verspätung nicht mehr zu erreichen. Also steuerte ich erst einmal mein Nahziel an – mit der Metro vom GAR de ' East zum GAR de Nord, das heißt mit der Metro 21 Stationen bis zur Station Montparnasse und dann ca. 10 Minuten Übergang zum Fernbahnhof GAR de Nord. Also auf zur Metro! Dank meiner Reisevorbereitung und meinem damit verbundenen längeren Gespräch bei Kaffee und Kuchen mit meinem alten Freund Wolfgang Wenke, Eisenbahnfan und Pariskenner, war es für mich kein Problem, den Zugang zur Metro zu erreichen. Karte in den vorgesehenen Schlitz stecken, Öffnen der Sperre abwarten und Karte hinter der Sperre wieder mitnehmen. Das Schreiben dieser zwei Sätze hat 5 x solang gedauert, wie das Entwerten der Tickets…

Dank meiner Beobachtungsgabe hätte ich diese Prozedur sicherlich auch vorerst hinbekommen, aber bei Kaffee und Kuchen lassen sich solche Details wesentlich entspannter besprechen.

Die Metro selbst war für mich ein beeindruckendes Erlebnis. Ich kannte ja die U-Bahn in Berlin. Hier hatte ich es mit einer ganz anderen Dimension unter Tage zu tun. Ca. 200 m lange, horizontal verlaufende Rollwege wie auf der Station Montparnasse sprechen für sich. Ähnliches hatte ich bisher nur in grauer Vorzeit und vertikal in Moskau erlebt.

Nachdem ich mich nun unterirdisch und dank hervorragender Ausschilderung bis zum Bahnhof GAR de Nord vorgearbeitet hatte, galt es die nächste Hürde zu nehmen.

Zuerst wollte ich einen Informationsschalter ausfindig machen. Ich musste unbedingt in Erfahrung bringen, wann der nächste Zug in Richtung Bayonne fährt und von welchem Bahnsteig. Hier erklärte sich übrigens auch für mich, warum auf meinem Ticket keine Bahnsteig-bezeichnungen vermerkt waren.

Bei dem Bahnhof Paris GAR de Nord handelt es sich um einen Kopfbahnhof und die genaue Zugzuordnung, Bahnsteigzuweisung und Abfahrtszeit erscheinen erst ca. 20 – 25 Minuten vor der Abfahrt des Zuges auf einer der vielen Anzeigetafeln. Also am besten man postiert sich irgendwo mittig in der ca. 100 m langen Bahnhofshalle, um dann zum gegebenen Zeitpunkt das entsprechende Abstellgleis aufzusuchen. Gesagt – getan. Da ich noch gut 45 Minuten Zeit hatte bis sich mein Zug Richtung Bayonne in Bewegung setzte, gönnte ich mir ganz in Ruhe noch einen leckeren Espresso, sozusagen als Belohnung dafür, dass dieser etwas anspruchsvollere Teil meiner Anreise so gut geklappt hatte. Das war auch der Einstieg für die nächsten Wochen in die „Kaffeeszene".

Der Zug nach Bayonne fuhr pünktlich auf Gleis F ein und ich fand relativ schnell den mir zustehenden

Platz. Nach einer knappen Stunde Paris genießen, natürlich aus dem Zugfenster, ging es hinaus in wechselnden Landschaften und Orte bis schließlich langgestreckte Waldgebiete unser ständiger Begleiter wurden. Ich sog alles in mich auf. Das war also Frankreich.

Gegen 19:00 Uhr gelangten wir in Bayonne an. Der Schlusspunkt meiner Anreise für diesen Tag. Mein Anschlusszug nach St. Jean Piet de Port war auf Grund meiner vorausgegangenen Verspätung natürlich schon weg. Da half alles nichts. Ich suchte mir auf einer der Informationstafeln den nächsten Zug am kommenden Tag heraus. 07:10 Uhr könnte es weitergehen.

Jetzt ergab sich für mich die Frage, die sich schon ein viel größerer Denker gestellt hatte: „Was tun?" Leider hatte ich keine Zeit, hunderte von Seiten darüber zu philosophieren... Eine zeitnahe Entscheidung musste her. Ich begab mich aus dem

Bahnhofsgebäude – eine Übernachtung darin kam nicht in Frage, da die vorhandenen Bänke mittels Armlehnen in Einzelsitze unterteilt waren und damit gestrandete Pilger hier die Nacht nicht liegend verbringen konnten. Vielleicht arbeitet der Aufsteller der Bänke ja auch mit einem Hotelier zusammen.

Der Bahnhofsvorplatz war wenig belebt und er war noch ziemlich warm – 30° C, und das um 19:30 Uhr. Ich bewegte mich halb links über den Platz, überquerte die noch gut befahrene Straße – französische Ampeln sind für deutsche Touristen gewöhnungsbedürftig – und hielt Ausschau nach einem möglichst kleinen Hotel, Hostel, Pension oder Ähnlichem. Ich brauchte auch nicht lange zu suchen. Ein kleines Hotel „Hôtel Cote Basque" hatte die Türen für mich geöffnet. Nachdem ein junges Pärchen an der kleinen Rezeption abgefertigt war und sichtlich glücklich in Richtung Treppenaufgang ging, war ich an der Reihe. Auch ich hatte Glück. Mein mit Händen und Füßen vorgetragenes Anliegen wurde schnell verstanden, was will auch sonst ein Mensch mit großem Rucksack um diese Zeit an der Rezeption eines Hotels anderes, als zu übernachten??? Für 90,- Euro inklusive Frühstück war ich dabei.

Nach der Erledigung der Formalitäten begab ich mich auf mein Zimmer. Ich war angenehm überrascht oder anders ausgedrückt, das war sein Geld wert. Geschmackvolles Ambiente und ein sehr sauberes kleines Bad. Mehr braucht der Mensch Wolfgang nach einer langen Bahnreise nicht, um glücklich zu sein. Am besten war der Ausblick. Ich konnte direkt auf die Skyline des Bahnhofsplatzes schauen. Das alles war umrahmt von der glutrot untergehenden Sonne. Da spielte es auch keine Rolle, dass die Außentemperaturen noch recht hoch waren. Damit konnte und musste ich leben. Im Zimmer war es natürlich noch um ein paar Grad wärmer.

Ich richtete mich erst einmal häuslich ein. Dies fiel mir für eine Nacht auch nicht allzu schwer. Irgendwie spürte ich, dass es langsam Zeit wurde, noch etwas für Leib und Seele zu tun – ich musste mich noch auf Nahrungssuche begeben. Schräg gegenüber des Hotels wurde ich fündig. Ein Imbiss oder wie man es auch bezeichnen wollte, war genau das Richtige für mich. Anhand der aufgestellten Angebotstafeln fiel es mir nicht schwer, mich für ein Gericht zu entscheiden. Ich entschied mich für Hähnchennuggets mit würziger Soße, dazu ein Mineralwasser, anschließend natürlich einen schönen Espresso. Zum Glück spielt es bei mir keine Rolle, zu welcher Tageszeit ich Kaffee trinke, schlafen kann ich trotzdem.

Sichtlich gestärkt und zufrieden drehte ich noch eine Runde auf dem Bahnhofsvorplatz und verweilte etwas auf einer Bank, um die Atmosphäre zu genießen. Anschließend begab ich mich wieder ins

Hotel. Jetzt war ausgiebig Duschen angesagt. Danach rief mich das Bett...

Aber mit Einschlafen war erst mal nichts. Irgendwie mussten alle Straßen der Stadt zum Bahnhofsplatz führen oder ein beliebter Rundkurs für jugendliche Mopedfahrer genau am Hotel vorbeiführen. Ich habe nicht auf die Uhr gesehen, aber es war ein ständiges Wechselbad von Hoffnung und Enttäuschung, von herankommendem und sich wieder entfernenden Motorenlärm. Irgendwann muss ich dann doch vor Übermüdung und Erschöpfung eingeschlafen sein.

Der nächste Tag begann sehr angenehm. 06:00 Uhr aufstehen, Morgentoilette wieder Dusche und 06:45 Uhr Frühstück französisch. Starker Kaffee, dazu ofenfrische Croissants – ich musste noch etwas auf sie warten, da sie noch nicht fertig waren (normale Frühstückszeit ist um 07:00 Uhr), einfach perfekt.

Der nichtgeplante Hotelaufenthalt in Bayonne sollte das Beste sein, was mir bezüglich Unterkunft und Verpflegung bis nach Leon passierte…

Ausgeruht und gestärkt ging es in Richtung Bahnhof. Über Zugabfahrt und entsprechenden Bahnsteig hatte ich mich schon am Vortag informiert. Auf dem Bahnsteig angekommen, musste ich feststellen, dass ich nicht der einzigste gestrandete Pilger war. Ca. ¼ der Mitreisenden waren offensichtlich Gleichgesinnte. Sie waren unschwer am Outfit zu erkennen – Markenzeichen: großer Rucksack. Aller Wahrscheinlichkeit nach werde ich wohl nicht vor Einsamkeit auf der Wanderung sterben.
Eine zweite Erfahrung machte ich ebenfalls auf dem Bahnsteig, besser gesagt eine mir etwas verloren gegangene Erkenntnis: Bahnsteige sind auch zum Warten da! Nämlich auf den (irgendwann eintreffenden) Zug. Hätte ich das bloß früher gewusst. Ich hätte meine Frühstückszeit um 45

Minuten verlängern können ... Erinnerungen aus jüngster Vergangenheit wurden in mir geweckt.

Endlich traf der Zug ein. Es überraschte mich nicht sonderlich, dass ich auf eine Reihe Gleichgesinnter traf. Ich platzierte mich gegenüber einem älteren Herrn – unverkennbar am Outfit als Pilger auszumachen. Adolf aus der Schweiz. Er begab sich das zweite Mal auf den Jakobsweg. Einfach so, ohne Stress zu haben, ganz ohne Zeitlimit.

Die Fahrt selbst ging durch eine sehr schöne Landschaft. Es kam ein klein wenig Schwarzwaldromantik auf. Teilweise verlief die Trasse parallel zur Nivé, einem kleinen Fluss, der schon lange seinen Weg zwischen Felder, Wälder und kleinen Schluchten gefunden hat. Nach ca. 1 ½ Stunden kam das langersehnte Ziel meiner ersten Etappe oder besser der Voretappe auf den Jakobsweg in Sicht: St. Jean Piet de Port.

4.   Der Weg

Der Bahnhof in St. Jean Piet de Port gestaltet sich eher unspektakulär. Ein kleines Gebäude, welches auch immer in jeder anderen kleinen Stadt oder in einem größeren Dorf als Bahnhof eben dienen könnte. Bezeichnend war, dass ca. 98 % der aussteigenden Reisenden einen großen Rucksack mit sich führten.

Hier war ich nun angekommen, an dem Ort, von wo schon vor mir Zehntausende, ohne zu übertreiben, ihre Pilgertour nach Santiago de Compostela begonnen hatten. Es war irgendwie ein erhabenes Gefühl.

Als erstes musste ein Erinnerungsfoto geschossen werden – mit Bahnhof, mit Ortsbezeichnung und natürlich mit mir. Nachdem ich im gegenseitigen Kamera- und Standortwechsel mit einem anderen Pilger diese Prozedur vollzogen hatte, begann ich

St. Jean Pied de Port

mich erst einmal zu orientieren. Ein Blick zur Uhr sagte mir, dass es nun gerade 09:20 Uhr war, noch früh am Tag. Jetzt stand für mich die Frage: Quartier beziehen und morgen erholt und ganz entspannt losmarschieren oder mich heute noch auf die Socken machen, der Tag war ja noch jung?

Ich entschloss mich, zunächst das Pilgerbüro zu suchen, um mir meinen ersten Stempel in dem „Credencial del Peregrino" – dem Pilgerpass geben zu lassen. Das Pilgerbüro brauchte ich nicht lange zu suchen. Ich folgte einfach dem Strom der anderen Rucksackträger, die sicher das gleiche Ziel hatten. Dank dieser einfachen Navigation gelangte ich nach kurzer Zeit zum Pilgerbüro. Zu erkennen war es einfach. Es war der einzige Laden in der Straße, der wirklich voll war ... Wobei meine bisherigen Vorstellungen von voll später noch eine ganz andere Dimension bekommen sollten.

Das Büro war klein und es passten nur 10 – 12 Leute rein. Dafür gab es aber vier Abfertigungsplätze, die

Vor dem Pilgerbüro in St. Jean Pied de Port

auch alle besetzt waren und an denen gearbeitet wurde! Einen schönen Gruß an deutsche Behörden … Hier ging die Abfertigung recht zügig und unkompliziert vonstatten. 20 Minuten vor 10:00 Uhr stand ich wieder auf der Straße mit Stempel im Pass. Das war wie ein Startschuss. Jetzt irgendwo eine Herberge suchen und nächtigen konnte ich mir nicht vorstellen. Schlafen hätte ich die Nacht sowieso nicht gekonnt, dazu war ich viel zu aufgeregt.

Ich entschloss mich, noch einmal eine schöne Tasse Kaffee zu trinken. Das war kein Problem. Ich nahm im Außenbereich einer Bar Platz und bestellte eine Tasse Kaffee – und bekam einen Espresso. Daran sollte ich mich für den Rest des Weges gewöhnen müssen.

Beim dritten Schluck Kaffee überdachte ich meine Strategie für den Rest des Tages. Die Einstiegs-etappe auf dem Jakobsweg von S.J.P.d.P. nach Roncesvalles betrug 24,9 km und laut Wanderführer waren für diese Strecke 7 ¾ Stunden vorgesehen – Überquerung der Pyrenäen berücksichtigt.

Ich bezahlte und ging einfach los. Der Reiz des Abenteuers war meine Triebkraft. Ich wollte sehen, worauf ich mich eingelassen hatte und ich wollte es spüren.

Zunächst galt es erst einmal, die Stadt hinter mir zu lassen. Die Straße zog sich geradeaus dahin und war beidseitig von einfachen Häusern gesäumt, in deren Erdgeschossen sich hier und da kleine Läden oder Cafè's befanden. Auch Pilgerbedarf wurde mehrfach angeboten. Zum Glück war ich ausreichend ausgestattet. Kurz vor Ortsende geht es über eine Brücke. Ein letzter Blick auf die Nivé und dann führte mich der Weg auch schon durch das Stadttor von S.J.P.d.P.
Die Straße stieg stetig an und die Häuser wurden immer weniger, bis sie schließlich ganz aufhörten.

Die Straße wurde zum Sträßchen. Dank meines Wanderführers ist es ziemlich problemlos, mich richtig zu orientieren. Allzu oft brauchte ich ihn aber nicht zu konsultieren, da ich mich doch mehr oder weniger vom „Herdentrieb" leiten ließ – den vorwärts strömenden anderen Pilgern. Mal wurde ich überholt, mal überholte ich andere. So lernte ich auch Andrea kennen – eine junge Kanadierin, die sehr gut deutsch sprach. War letztendlich auch nicht verwunderlich, da sie Deutschland vor ein paar Jahren verlassen hatte. Jetzt lebt sie in einer kleinen Stadt in Kanada, arbeitet als Krankenschwester (wie praktisch für die Wanderung) und hat eine Auszeit genommen, um den Jakobsweg von S.J.P.d.P. nach Santiago zu gehen. Nach Deutschland hat sie auch noch Verbindung, erzählte sie mir. Andrea lebt seit 12 Jahren in einer festen Fernbeziehung. Ihr Freund wohnt in Hamburg. Wir beschlossen, zusammen weiter zu gehen. Das stellte sich als sehr hilfreich heraus, denn Andrea sprach sehr gut englisch.

Nach und nach sind die letzten Häuser gewichen und die Pyrenäen breiten sich vor mir aus. Sie vermitteln einem das Bild einer riesigen Hügellandschaft, manchmal durch Steinformationen unterbrochen. Zu dieser Jahreszeit ist nicht mehr viel Grünes zu entdecken. Die Sonne und der Wassermangel haben ihr Werk gründlich getan. Rechts und links des Weges erstreckten sich langgezogene Weiden mit vereinzelten Pferden. Das Eigenartige für Nichtwissende ist, die Pferde tragen Schellen um den Hals, was man bei uns in Deutschland eher von Kühen in südlicheren Regionen kennt. Nun ja, in Frankreich ist eben manches anders. Später habe ich erfahren, dass es sich bei den Pferden um Stuten handelt und die Glocken dazu dienen, dass die Fohlen sich orientieren können, sollten sie ihre Mutter mal aus den Augen verlieren.

Das Aufregendste auf diesem Teil der Strecke war wohl ein amerikanisches Filmteam, welches wir überholten, die uns dann mit Autos wieder

In den Pyrenäen

überholten usw. Das ging eine ganze Weile so und hat zum Schluss nur noch genervt. In einem kurzen Gespräch hatte Andrea herausbekommen, dass das Team im Auftrag eines amerikanischen TV-Senders unterwegs war und eine Dokumentation über den Jakobsweg drehte.

Der Weg war ziemlich beschwerlich geworden. Wir mussten teilweise alle 100 m kurz stehen bleiben, um Luft zu holen. Sehr unspektakulär präsentierte sich die französisch-spanische Grenze. Ein Grenzpfahl und das war's. Für Pilger war es schon interessanter. Eine „Tränke" lud zum Verweilen ein. Ich nutzte die Gelegenheit, um mich mit frischem Wasser zu versorgen. Dies sollte während der Wanderung zur Gewohnheit werden.

Etwas war fortan nun an der Strecke. Es waren gelbe Markierungspfeile, die schon seit Ewigkeiten den Pilgern den Weg nach Santiago wiesen. Die Muschelsymbole kamen erst später hinzu und waren auch nicht so häufig vertreten. Beides in Kombination, aber besonders die gelben Pfeile sollten zu meinen zuverlässigen Begleitern werden.

Die Vegetation hatte sich geändert, die kargen Hügel lagen zurück und es ging auf einem lang gezogenen Waldweg weiter – und nicht mehr bergauf, sondern erst allmählich und dann immer mehr bergab. Das bedeutete, wir näherten uns unserem heutigen Etappenziel: Roncesvalles. Der Weg bis dahin war aber nicht unbedingt leicht zu gehen. Man musste wegen des Gerölls mächtig aufpassen. Unweit vor uns forderte er auch sein erstes Opfer. Bei einem deutschen Ehepaar, welches gewichtsmäßig gut bepackt war (gutes Eigengewicht + Gepäck + halber Hausstand), stürzte die Frau. Nachdem unsere Hilfe aber offensichtlich nicht notwendig war, setzten wir unseren Weg fort. Ich traf die Frau noch einmal in Roncesvalles im Schlafsaal. Sie lag zwei Betten von mir entfernt in einem Bett und weinte. Für sie war die Pilgertour offensichtlich gelaufen … Ich traf das Ehepaar unterwegs auch nicht mehr.

Endlich lag Roncesvalles vor uns – eine sehr schöne alte Klosteranlage aus dem Mittelalter. Wir begaben uns zur Rezeption im Haupthaus. Hier mussten wir erfahren, dass im Haupthaus mit 180 Betten alles schon belegt war. Man verwies uns auf das Nebengebäude mit 120 Betten. Dort sollte noch Platz sein. Wir hatten Glück!

Das historische Gebäude bestand schlicht und einfach aus einem großen Schlafsaal mit drei Reihen Doppelstockbetten. Gleich am Eingang befand sich eine Reihe von Tischen mit freundlichen Personen dahinter sitzend – die Rezeption. Hinter der Rezeption führte eine breite Treppe ins Untergeschoss. Hier befanden sich, wie ich später feststellte, die Sanitäranlagen. Nachdem die Formalitäten erledigt waren (Entrichtung des Unkostenbeitrages von 10,- Euro, Stempel in den

Pilgerpass, Zuweisung der Schlafstätte), fand ich auch nach kurzer Suche mein Bett in der mittleren Reihe, irgendwo mittendrin, aber unteres Bett. Das war es dann. Überall Betten und ziemlich gut belegt. Ich richtete mich erst einmal so gut es ging ein. Das bedeutete, Schlafsack ausbreiten, Waschzeug auspacken und kurz frisch machen. Die Sanitärräume im Kellergeschoss waren wider erwarten großzügig und modern/funktionell angelegt. Ich beschloss, später noch zu duschen.

Das historische Gebäude war früher das Pilgerhospiz. Ich traf mich mit Andrea und wir beschlossen auf Nahrungssuche zu gehen. Wir wurden schnell fündig. Eine Bar lud sowohl Außen als auch Innen zum Verweilen ein. Die Bezeichnung Bar bekam für mich eine vollkommen neue Bedeutung. Bei uns würde man sicherlich Imbiss oder Kneipe oder Speisegaststätte dazu sagen. Ein Einrichtungsdetail einte sie jedoch alle – eine lang gezogene Bar mit entsprechenden Hockern. Und noch ein herausragendes Bestandteil: eine moderne Kaffeemaschine. Als Abendbrot wählten wir jeder ein Schinken-Sandwich aus. Dazu einen Saft und hinterher einen Kaffee in sehr kleinen Tassen serviert. Bei uns sagt man glaub' ich auch Espresso dazu! Aber alles zusammen war einfach nur lecker und köstlich. Nach dem Essen verabschiedeten wir uns und beschlossen, uns am nächsten Morgen um 06:30 Uhr zu treffen, um die zweite Etappe in Angriff zu nehmen. Nach einer intensiven Abendtoilette, sprich ausgiebiges Duschen, begab ich mich zu Bett. Punkt 22:00 Uhr gingen die Lampen aus und es kehrte <u>keine</u> Ruhe ein. Neben geflüsterten Gesprächen, Pieptönen moderner Technik erklangen so langsam hier und da entspannte Schnarchtöne. Meine Ohropax befanden sich im Rucksack und dort sollten sie auch bis zum Ende der Wanderung bleiben. Ich nahm sie nicht. Das war ein reines „Kopfproblem". Ich konnte mir einfach nicht vorstellen, mit zwei Fremdkörpern im Kopf einschlafen zu können. Irgendwann schlummerte ich jedenfalls weg.

Gegen Morgen vernahm ich auf einmal ganz sanfte Musik, die langsam etwas lauter wurde. Dann ging auch langsam das Licht an. So angenehm wurde ich auf der ganzen Pilgertour nicht mehr geweckt. Es war sehr beeindruckend. Ich machte mich nach einer morgendlichen Dusche wanderfertig und begab mich nach draußen. Es war noch dunkel.
Frühstück war in der Herberge nicht vorgesehen. Man hatte nur den nächsten Ort, ca. eine Stunde Gehzeit entfernt, empfohlen. Für diese Fälle hatte ich einen Zugriff auf meine Notration vorgesehen. 3 x in die Tüte mit einer Nussmischung greifen und dazu 2 – 3 Schluck frisches Leitungswasser, geht doch. Somit war ich startbereit. Pünktlich zur verabredeten Zeit gesellte sich Andrea zu mir und wir konnten starten.

Los ging's im Dunkeln. Zum Glück hatten wir Taschenlampen dabei. Ich eine richtige „Seniorenlampe" mit Dynamobetrieb. Hat sich aber bewährt. Einmal geladen – ausreichend Licht für eine gute Stunde. So lange dauerte es auch, bis es endlich dämmerte. Vor uns und hinter uns waren mehrere Glühwürmchen zu sehen – andere Pilger. Noch im Dunkeln erreichten wir nach ca. 45 min Auritz/Burguete. Hier fanden wir auch schnell unsere Frühstücksstation, war nicht zu übersehen. Auf dem kleinen Vorplatz des Cafè's waren schon mehrere Rucksäcke abgestellt. Wir waren nicht die Einzigen, die noch nicht gefrühstückt hatten. Das Frühstück selbst war sehr schmackhaft. Süßes Gebäck (ich mag morgens sowieso gern Süßes) und ein kleiner Kaffee/Espresso. Gestärkt konnte es dann weitergehen in den Tag hinein.

Die Landschaft war sehr abwechslungsreich. Weiden, Felder, kleine Dörfer und Wald sowie ein ständiges bergauf und bergab. Im Pilgerführer waren eigentlich nur 21 Höhenmeter Unterschied vorgesehen. Da muss jemand eine „0" vergessen haben. Mir kam es jedenfalls so vor…

Nach knapp 6 Stunden erreichten wir Zubiri, ein etwas größerer Ort auf dieser Etappe. Jetzt stand die Frage: Schluss für heute oder noch eine gute Stunde weiterwandern? Wir entschieden uns für Letzteres. Auf nach Larrasoana.

Hier erwartete uns eine böse Überraschung. Im örtlichen Pilgerbüro machte uns ein junger Mann mit dem Gedanken vertraut, dass es im Ort keine freie Schlafgelegenheit mehr gibt. Die einzige Möglichkeit ergibt sich so in einer Stunde, dann ist der Gemeindepfarrer wieder da und dieser kann es unter Umständen ermöglichen, in der Sporthalle des Ortes Quartier zu beziehen. Ansonsten müssten wir höchstens mit dem Taxi nach Pamplona fahren. Das war's ja dann! Gehzeit bis Pamplona ca. 4 Stunden. Also Taxi oder freier Himmel. Gleich Ortseingangs war eine Brücke über den Rio Arga... Wir standen etwas ratlos mit etwa 20 anderen Pilgern auf dem Marktplatz und überlegten. Plötzlich ging vom Pilgerbüro Bewegung aus. Eine gestandene Dame erschien und telefonierte intensiv mit dem Handy. Es kam schließlich so, dass die Dame offensichtlich das Sagen im Büro hatte.

Sie verwies uns zur Pension Peregrino – dort sind noch Plätze zu haben. Nach 5 Gehminuten waren wir am Ziel. Der überaus freundliche Herbergsvater begrüßte uns und teilte uns nach Erledigung der Formalitäten unsere Schlafplätze zu. Ich kam in ein 6-Betten-Zimmer im Souterrain mit Gittern vor dem Fenster. Zum Glück konnte man das Fenster nach innen öffnen, was in Spanien nicht immer üblich ist.

Ich richtete mich erst einmal ein und machte mich frisch (Duschen). Danach mit leichter Bekleidung und 3-Euro-Badelatschen ging ich auf Nahrungssuche und Ortserkundung. Ich wollte auf jeden Fall die Wanderrichtung für den nächsten Tag schon einmal sehen. Im Dunkeln kann man sich doch leichter verlaufen.

Im ersten Cafè am Platz (und auch dem Einzigen) nahm ich noch etwas zu mir und begab mich dann zurück, um meine wohlverdiente Nachtruhe anzutreten. Mein Zimmer brauchte ich nur mit einer anderen Pilgerin zu teilen. Sie muss nach mir noch eingetroffen sein. Es versprach, eine gute Nacht zu werden, was dann auch so war. Am nächsten Morgen nahm ich, bevor es wieder los ging, eine Gewichtsminimierung vor. Ich spendete der Herberge meine 250 g Kaffeepulver. Meinen Sprachführer „Kauderwelsch deutsch-spanisch" legte ich auf meinen Nachtschrank und ließ ihn dort absichtlich liegen. Schon nach der kurzen Zeit meiner Wanderung wusste ich, der Sprachführer bringt mir nichts. Die Verständigung mit Händen und Füßen funktioniert besser. Und zur Not war auch noch Andrea da mit ihren Englischkenntnissen. Meine Gedanken waren von einer panischen

Gewichtsreduzierung geprägt. In Pamplona wollte ich unbedingt ein Päckchen nach Hause schicken, u.a. mit meinem E-Book. Das ist wahrscheinlich eine Panik, die vielen Pilgern nach den ersten Etappen wiederfährt. Zum Glück hat das mit dem Päckchen nicht geklappt. Das E-Book sollte später zum festen Bestandteil meiner Freizeitgestaltung werden.

Zur zweiten Etappe sei noch zu sagen, dass ich drei Eidechsen und jede Menge Katzen gesehen habe – schöne Katzen. Mal sehen, was mich auf der nächsten Etappe erwartet.

Zum Start gab es erst einmal wieder zwei Griffe in die Nusstüte und diesmal sogar Kaffee aus dem Automaten, leider süß.

Vor uns lag eine relativ kurze Etappe, da unser nächstes Ziel Pamplona hieß. Hier wollten wir einen halben Tag verweilen. Nach ca. 1 ½ Stunden Gehzeit erschien eine Raststation. Diese war auch schon gut besucht. Das Angebot war recht vielfältig. Ich

entschied mich für ein Stück Tortilla – ein Omelette.
Zu trinken war mir nach etwas Kühlem. Ich griff auf
Andrea's Englischkenntnisse zurück und bekam
überraschender Weise ein gut gekühltes alkoholfreies Bier aus der Flasche. Und das im Land der
Wein- und Kaffeetrinker! Gut gestärkt ging es durch
eine reizvolle Landschaft, Pamplona entgegen.
Dieses erreichten wir ohne Zwischenfälle. Durch
eine parkähnliche Anlage gelangten wir über die sehr
beeindruckende Zitadelle in die Altstadt. Damit
waren wir auch schon mitten im Zentrum. Die
Atmosphäre, die hier herrschte, lässt sich schlecht
mit ein bis zwei Sätzen beschreiben. Man muss sie
einfach erlebt haben.

Unser erstes Ziel war die städtische Herberge. Sie
war relativ leicht zu finden. Ein historisches
Gebäude mit sicherlich sehr viel Geschichte, aber
auch vielen Betten. Für 7,- Euro bekam ich einen
Kopf- und Bettbezug für den einmaligen Gebrauch

und das Bett Nummer 46 im rechten Flügel des Schlaftrakts. Andrea verschwand irgendwo im linken Flügel.

Das sollte auch das letzte Mal sein, dass ich sie sah. Wir verloren uns aus den Augen. Irgendwie hatten wir unterwegs schon gespürt, dass unser Wanderrhythmus nicht zusammenpasste. Sie war bergauf schneller, bergab langsamer – ich ging ein konstantes Tempo. Dementsprechend war auch unser Pausenverhalten anders.

Diese Disharmonie wäre auf Dauer wahrscheinlich sowieso nicht gut gegangen, bei allen Vorteilen, die ein gemeinsames Wandern geboten hätte. Tschüß, Andrea! Buen Camino.

Nun ja, weiter und voran. Ich richtete mich wieder „häuslich" ein und machte mich frisch. Meinem Reinigungsprogramm fügte ich eine neue Stufe hinzu: Pilgerwäsche. Ich bewaffnete mich mit meiner 350 g Waschmitteltube samt der angefallenen

Waschtrog für Pilgerschnellwäsche

Schmutzwäsche und begab mich in das für diese Zwecke vorgesehene „Waschcenter". 3 Waschmaschinen, 3 Wäschetrockner – alles gegen Entgelt zu nutzen – und mehrere steinerne Waschtröge mit eingearbeitetem Rubbelbrett – alles sehr einfach mit kaltem Wasser und kostenlos. Also los ging's. Einweichen, 10 Minuten warten, dann einzeln über das Rubbelbrett ziehen und danach noch zweimal mit klarem Wasser spülen – fertig. So einfach kann Waschen sein. Alles gut ausgewrungen und auf ging's zum Innenhof. Hier standen mehrere Wäscheständer zur allgemeinen Nutzung zur Verfügung. Jetzt brauchte ich mir nur noch ein sonniges Plätzchen suchen, die Wäsche aufhängen und die Arbeit war damit erledigt. Aufhängen war kein Problem, ich hatte 8 Wäscheklammern im Gepäck. Ein Stück Schnur für alle Fälle ebenfalls.

Auf meinen Mittagsschlaf wollte ich auch nicht verzichten. Also wenigstens 30 Minuten ruhen. Danach ging es auf Entdeckungstour.

Ich schlenderte kreuz und quer durch die Gassen und genoss die Atmosphäre. An einem Eisstand gönnte ich mir eine Kugel meiner Lieblingssorte Schoko und war begeistert von der Größe. Eine Kugel in Pamplona entsprach ungefähr der Menge von fünf Kugeln in der Bahnhofspassage in Bernau! Jetzt musste ich nur noch ein schattiges Plätzchen finden, um das Eis auch richtig genießen zu können. Es herrschten nämlich derzeit Temperaturen um die 30° C plus. Anschließend spazierte ich weiter und ließ mich dann in einem der zahlreichen Cafè's nieder. Als vorläufigen Abschluss meiner Schlemmereien gab es noch einen Espresso Double, die Krönung – mehr ging nicht.

Zur besseren Orientierung und zur Vorbeugung gegen die Gefahr des Verlaufens begab ich mich zunächst wieder zur Herberge. Hier galt mein Interesse meiner Wäsche. Wie ich feststellen musste, war sie mittlerweile samt Ständer mit der Sonne mitgewandert und sie war nicht mehr alleine. Der Wäscheständer war bis auf den letzten Platz gefüllt. Ein paar andere Trockner hatten sich noch dazu gesellt. Das war offensichtlich Pilgeralltag. Ich war endgültig auf dem Jakobsweg angekommen...

Nach einer letzen Inspektion der Wäsche – sie war schon zu 80 % trocken – begab ich mich wieder auf Entdeckungstour. Mein Ziel war die alte Zitadelle, ein beeindruckendes Bauwerk aus dem Mittelalter. Vor mir erstreckte sich eine lange Wallpromenade mit schattigen Bäumen und einladenden Bänken. Dazu eine fantastische Aussicht über einen Teil der Stadt. Ich suchte mir eine Bank aus und beschloss, endlich mein E-Book in Betrieb zu nehmen. So verbrachte ich eine gute Stunde, bevor sich langsam der Hunger in mit regte.

Schon lange vor Beginn meiner Reise, beim Studium der verschiedenen Wanderführer und Reisebegleiter, hatte sich bei mir im Kopf die Vision festgesetzt – Pamplona / Tradition Stierkämpfe / Rindersteak essen! Ich machte mich auf den Weg, diese Vision in die Realität umzusetzen. Lange brauchte ich auch diesmal nicht zu suchen, bis ich eine geeignete Bar gefunden hatte. Für mich waren die großen Werbeaufsteller bezüglich verschiedener Gerichte wichtig. Auf Grund meiner sehr begrenzten Spanischkenntnisse waren diese Aufsteller eine sehr gute Möglichkeit, meinen Essenswunsch zu verdeutlichen. Dies funktionierte sehr gut.

Etwas schwieriger war es da schon mit meinem alkoholfreien Bier. Ich zeigte auf die Bierzapfsäule und sagte gestenreich „no alkohol". Der Kneiper muss gedacht haben: Der hat ganz schön unter der Sonne gelitten! Erst Bier haben wollen, dann doch kein Bier…

Da kam ihm ein Kollege zu Hilfe, der wahrscheinlich etwas mehr mit meiner „internationalen Ausdrucksweise" anfangen konnte. Er griff unter den Bartresen in ein Kühlfach und zeigte mir eine Flasche Bier. Auf der Flasche stand vorn ganz deutlich 0,0 %. Ich nickte und wir waren letztendlich alle froh. Ich ließ mir noch den spanischen Begriff für alkoholfreies Bier aufschreiben: Cerveza Cero Cero. Das war für mich eine wesentliche Bereicherung meines spanischen Wortschatzes.

Nach angemessener Zeit kam mein Steak. Es sah sehr lecker aus und ich sollte den Geschmack auch sehr lange genießen können. Das Steak war nämlich trotz des geschärften Messers ziemlich fest – zu deutsch zäh. Es musste wohl der älteste oder aber widerstandsfähigste Ochse aus der spanischen Stierkampfarena gewesen sein. Jedenfalls hatte ich hinterher Muskelkater in den Kaumuskeln, was mir bislang noch nie passiert war.

Ausreichend gestärkt begab ich mich wieder zur Herberge. Ein kurzer Kontrollgang zur Wäsche; ich konnte alles abnehmen, sie war hervorragend getrocknet und auch noch komplett vorhanden. Nach diesem anstrengenden Nachmittag und Abend gönnte ich mir noch eine zweite Dusche vor dem Schlafengehen. Ganz so weit war es aber noch nicht. Bevor ich mich in die Schräglage begab, musste ich noch Hausaufgaben machen, sprich ein paar Notizen in mein Tagebuch und dann die Streckenplanung lt. Wanderführer für den nächsten Tag. Dies wurde ab Pamplona zum allabendlichen Ritual. Danach ging es endlich in den Schlafsack. Gute Träume waren bei dem Tagesverlauf eigentlich vorprogrammiert. Aber auch nur eigentlich.

Leise Gespräche können, zur unpassenden Zeit geführt, sehr nervend sein. Hinzu kamen ständig hin und her laufende Halbwüchsige, die man irgendwie mit Wesen aus der Tierwelt vergleichen konnte. Die Nacht war doch nicht so entspannt wie gehofft.

Trotzdem war ich beizeiten wach und entschloss mich wanderfertig zu machen. Ich musste ja noch Pamplona durchqueren und Frühstück gab es in der 120-Bettenherberge auch nicht. Also auf zur Morgenwäsche inklusive duschen. Diesen Luxus gönnte ich mir täglich, im Gegensatz zu den meisten Pilgern, die sich mit einer Katzenwäsche begnügten, auch wenn ich manchmal nach einer halben Stunde Gehzeit wieder durchgeschwitzt war. Es gehörte einfach zum tagtäglichen Pilgerritual dazu.

Unweit der Herberge fand ich ein einladendes Cafè, welches um 07:00 Uhr auch schon gut besucht war, überwiegend von Pilgern. Unschwer an den abgestellten Rucksäcken zu erkennen. Wohl gestärkt begab ich mich in den morgendlichen Trubel der Großstadt.

Dank der hervorragenden Markierung fand ich mich sehr gut zurecht. Die gerade erwachende Stadt beeindruckte mich. Die Route führte durch großzügige Parkanlagen, die in den frühen

Morgenstunden ordentlich gewässert waren. Bei einer kleinen Grünfläche musste ich für mich etwas schmunzeln. Bläulich schimmernder Rasen – nun ja – in Frankreich Pferde mit Kuhglocken, in Spanien blaues Gras. Im Ausland ist eben manches anders.

Hinter Pamplona führte der Weg durch weite Feldlandschaften, bis er allmählich wieder anstieg und stetig bergauf verlief. Höhepunkt im wahrsten Sinne des Wortes war auf dieser Etappe der Alto del Perdon (ca. 750 m) mit seiner großen Pilgerskulptur. Sie stellte eine größere mittelalterliche Pilgergruppe mit Esel und Pferden dar. Alles aus Stahl und witterungsbedingt schon etwas angerostet. Das hielt mich aber nicht davon ab, mich von einem Leidensgefährten dabei fotografieren zu lassen, wie ich einen rostigen Esel knutschte…
Ich war in Hochstimmung. Auf dem Berg hatten sich schon einige Pilger versammelt, die einfach nur Rast machten und die wahnsinnige Aussicht genossen.

Etwas seitlich von der Skulptur hatte ein geschäftstüchtiger Spanier ein bereits in die Jahre gekommenes Imbiss-Mobil geparkt und bot seine Dienste an. Ich gönnte mir einen Becher Kaffee. Dann ging es weiter. Der Weg abwärts war nicht leicht zu bewältigen. Es war besonders von Geröll geprägt. Man musste manchmal jeden Schritt genau überlegen, um nicht auszurutschen oder zu stolpern. Das zehrte an den Kräften, zumal der Abschnitt nicht enden wollte. Ich durchquerte Uterga und bewegte mich weiter in Richtung Obanos. Uterga – ein kleines Dorf, in dem irgendwann die Zeit stehen geblieben ist wie vielerorts auf dem Jakobsweg, besonders im ländlichen Raum. Obanos würde das eigentliche Ende meiner heutigen Etappe lt. Wanderführer sein. Ich ging aber noch eine ¾ Stunde weiter nach Puente la Reina.

Das war Bestandteil meiner neuen Wanderstrategie. Ich richtete meine Tagesetappen zeit- und kilometernah nach den zu Hause absolvierten

Übungsetappen mittlerer Länge aus. Das sollte sich während der gesamten Wanderung bezahlt machen. Ich kam, ohne eine einzige Blase an den Füßen zu bekommen, bis ans Ziel.

In Puente la Reina war es recht unscheinbar. Nachmittags Außentemperatur ca. 36° C. Da machen die meisten Spanier Siesta. Dies trifft auch in den kleinen Orten auf die Geschäfte bzw. Märkte zu. Zwischen 13:00 und 16:30 Uhr bewegt sich hier meist nichts. Außer in den Bar's. Hier pulsiert das Leben.

Nachdem ich Quartier bezogen hatte (angenehme Bleibe) und meinen Pflichten nachgekommen war (Wäsche waschen, Selbstreinigung und ruhen), begab ich mich auf Entdeckungsreise. Ich dachte, endlich meinen Gewohnheiten von zu Hause nachgehen zu können und meinen nachmittäglichen Kaffee und Kuchen genießen zu können. Aber denkste! Das musste ich mir wohl hier in Spanien verkneifen, zumindest in den kleineren Orten. Kaffee gab es überall, aber mit Gebäck hatte ich wenig Glück und wenn, dann nur morgens.

Ansonsten gab es nichts Aufregendes zu berichten. Die Tierwelt hielt auf dieser Etappe zu Besonderheiten auch nur einen dicken grünen Frosch und einen Grashüpfer, ebenfalls grün aber nicht dick, für mich bereit. Die Nacht war von intensiven „Holzfällerarbeiten" geprägt. Ob es in Spanien überhaupt noch Wälder gibt? Am Jakobsweg bestimmt nicht! Sie sind sicher schon alle Opfer erschöpfter Pilger geworden. Irgendwann muss ich aber auch erschöpft eingeschlafen sein.

Früh's ging es nach einem recht guten Frühstück beizeiten wieder los. Der Tag versprach wieder sehr heiß zu werden und da gilt es, möglichst früh Kilometer zu machen. Da der Start wieder im Dunkeln erfolgte, konnte ich die berühmte historische Pilgerbrücke nur noch einmal schemenhaft wahrnehmen. Zum Glück hatte ich sie schon bei Tageslicht in Augenschein genommen.

Mein heutiger Weg führte überwiegend über Feldwege, die rechts und links von Ackerflächen mit Getreide- und Weinanbau geprägt waren. Das alles unter der gnadenlos sengenden Sonne. Mehrere kleinere Dörfer lagen auf der Strecke. Sie verströmten alle den mittelalterlichen Charme längst vergangener Zeiten.

Auf einem Marktplatz luden ein paar Bänke zum Verweilen ein. Sie sind rechts und links neben einem alten Brunnen positioniert. Der Brunnen mit einer sehr schönen steinalten Architektur spendet wahrscheinlich auch schon seit Ewigkeiten Wasser. Ein modernes Schild weist darauf hin, dass es sich hier um kein Trinkwasser handelt. Eigentlich schade, meine Wasserflaschen könnten durchaus eine Erneuerung ihres Inhalts vertragen. Unweit des Brunnens sitzt ein alter Mann vor einem Haus auf der Bank. Er muss wohl meine Unsicherheit betreffs der Genießbarkeit des Wassers bemerkt haben. Durch Gesten gibt er mir zu verstehen, dass man das Wasser ruhig trinken kann. Ich überlege kurz, werde mutig und koste von dem kühlen Nass. Es schmeckte herrlich. Ich tausche meinen Flascheninhalt aus und bin nun stolzer Besitzer von 1 Liter, nicht nach Chlor riechendem und schmeckendem Wasser. Ich denke mir, wenn der alte Mann schon immer dieses Wasser trinkt, dann kann es nicht so ungenießbar sein.

Die Chlorung der öffentlichen Trinkbrunnen und des Trinkwassers überhaupt wird am Jakobsweg mit den entsprechenden Parametern eingehalten. Ich hatte während der ganzen Wanderung keine Probleme betreffs der Verträglichkeit des Wassers. Lediglich Geschmack und Geruch waren mal mehr oder weniger gewöhnungsbedürftig.

Mein heutiges Ziel war Estella. Eine Kleinstadt mit großer Geschichte. Ich hatte mir im Wanderführer als Unterkunft die Herberge Anfas ausgewählt. Diese wird teilweise von geistig Behinderten geführt bzw. bewirtschaftet. Früher diente die Herberge einmal als Hospiz. Heute wird sie von einem Verein geführt, der besonders für die Unterstützung geistig behinderter Menschen tätig ist.

Der Empfang ist sehr freundlich. Mir wird sofort etwas zu trinken angeboten. Nach Erledigung der Formalitäten werde ich von einem jungen Mädchen zu meinem Schlafplatz geleitet. Er befindet sich im Schlafsaal mit ungefähr 30 Betten. Das Mädchen gibt sich sehr aufgeschlossen. Wieder kommt es auf Grund der sprachlichen Barrieren zu keinem richtigen Gespräch. Sie gehört offensichtlich zu den Mitbewohnern des Hospiz, die hier ihre Beschäftigung gefunden haben.

Während meiner Kleiderpflege (sprich Kaltwäsche) kam mir der praktische Gedanke, wie ich mein Gepäck noch etwas erleichtern kann. Meine ach so schwere super Waschpaste für kalte Wäsche war über 300 g schwer. Brauchte ich sie wirklich? In den

Herbergen, die ich bisher aufgesucht hatte, stand immer irgendetwas „Seifiges" herum, was ich bestimmt zum Waschen nutzen konnte. Und im Fall der Fälle hatte ich ja noch mein eigenes Duschbad, welches bestimmt auch den Zweck erfüllte. Was für den Körper gut ist, kann den Klamotten nicht schaden... Gedacht, getan. Noch einmal die eigene Paste nutzen und dann der Allgemeinheit überlassen. Das Wäschetrocknen war hier etwas abenteuerlich. Ich musste mich erst mit dem südländischen System des Wäscheaufhängens mittels Rollleinen am Fenster vertraut machen. Irgendwie nicht ganz einfach, noch dazu, wenn nicht nur seine eigene Wäsche aufgehängt wird. Das Prinzip funktioniert, indem man z.B. ein Paar Socken aufhängt und an der Leine zieht, damit sie weiter wandert, dann kommt das nächste Stück Wäsche usw. Solange man nur seine eigene Wäsche aufhängt ist das machbar. Sobald aber fremde Teile dabei sind , ein anderer Pilger seine Wäsche platziert, wird es schwierig, weil die eigene Wäsche im wahrsten Sinne des Wortes weitergezogen ist. Letztendlich habe ich es aber geschafft, dass all' meine Kleidungsstücke wieder bei mir gelandet sind.

Bevor es nach einer guten Nacht morgens wieder los ging, musste ich mich noch von Christina – so hieß das Mädchen, welches sich so rührselig um alles kümmerte – verabschieden. Ich wollte ihr noch ein kleines Geschenk machen. Viel hatte ich nicht dabei zum Verschenken, aber als Pilger lernt man ganz schnell zu teilen. Ich überlegte, was ich entbehren konnte. Da fiel mir meine „Luxustasse" aus Edelstahl ein, die ich mir extra in Berlin beim Globetrotter gekauft hatte, um mir so unterwegs mal einen Kaffee zu kochen. Die Entscheidung fiel mir nicht schwer.

Als ich nach der zweiten Etappe den Kaffee zurück ließ, konnte ich mich nun relativ leicht von meiner „wertvollen" Tasse trennen.

Als ich Christina die Tasse mit einer kleinen Widmung versehen überreichte, war die Freude riesig. Sie musste sie schnell allen zeigen. Dementsprechend war auch der Abschied nicht leicht. Da trifft man einen Menschen, schließt ihn in 14 Stunden irgendwie in sein Herz, um sich dann wieder zu verabschieden mit der Gewissheit, ihn nie wiederzusehen...

Mein Frühstück nahm ich diesmal in einem Tankstellenbistro ein. Es war hervorragend. So konnte es weitergehen. Nach einem knappen Kilometer kommt man an einem alten Weingut vorbei. Dieses ist berühmt durch seinen alten Brunnen. Der Fuente de Vino bietet wahlweise zum Erfrischen Wasser oder einen Schluck Wein. Ein paar Pilger mussten enttäuscht feststellen, dass es zum Weintrinken offensichtlich noch zu früh war. Die Weinzapfstelle war noch nicht in Betrieb. Für mich war das kein Verlust. Wasser hatte ich noch und Wein brauchte ich nicht, da er für mich sowieso nicht in Frage kam.

Zwei Stunden später gönnte ich mir in einer Bar einen Espresso außer der Reihe. Mir war einfach so. Ich hatte Appetit auf Kaffee. Der Weg war heute recht gut. Dafür führte er durch sehr karges Land. Es ist schon beeindruckend, wie die Menschen hier Jahr für Jahr leben und das schon seit sehr, sehr langer Zeit. Für mich wäre das nichts.

Etwas Abwechslung boten die Brombeersträucher, die hier oft überall am Wegesrand wuchsen und auch noch ausreichend mit Beeren versehen waren. Ich kostete sie und stellte fest, dass sie sehr schmackhaft waren. Dies war eine willkommene Bereicherung meines Speiseplanes. Ich beobachtete, wie mehrere Pilger vor mir ebenfalls Brombeeren pflückten, die Hand zum Mund führten und dann in diese pusteten. Andere Länder – andere Sitten. Es handelte sich offensichtlich um spanische Pilger. Den Sinn ihres Tuns begriff ich kurze Zeit später. Aus Mangel an

Wasser zum Waschen der Beeren pusteten sie in die Hand, um den größten Teil des Staub's zu entfernen, bevor sie in den Mund wanderten. Die Wege waren übrigens sehr staubig. Ab sofort gehörte ich auch zu den Brombeerpustern.

Am frühen Nachmittag zog ich in Los Arcos ein. Eine typisch ländliche, kleine spanische Stadt präsentierte sich mir. Und ausgerechnet hier in Spanien suche ich eine Herberge auf, die sich Casa de Austria nennt. Sie wird von einem echten Österreicher seit über 10 Jahren betrieben. Da ich begeisterter Österreichurlauber bin, stellte sich für mich sofort die Frage:" Wie kann man so ein schönes Land verlassen und in diese Einöde ziehen?" Nun, auf jeden Fall schien er hier seine Erfüllung gefunden zu haben und fühlte sich dabei sehr wohl.

Nach meiner Hausarbeit in der Casa durchquerte ich mehr oder weniger die Stadt, besser gesagt die unmittelbare Umgebung. Ein schattiges Plätzchen auf einer Bank fand ich auch. Seit Pamplona gehörte es mittlerweile zur alltäglichen Gewohnheit, mich irgendwo niederzulassen, um zu lesen oder nur das Treiben des Lebens zu beobachten. Das war Entspannung pur. Diese sollte sich noch fortsetzen. Ich verbrachte eine fast traumlose Nacht.

Die größte Überraschung erlebte ich zum Frühstück. Es gab normalen Filterkaffee in Tassen mit normaler Größe. Aber das war noch nicht alles. Frisch gebackenes Schwarzbrot – das war nicht zu toppen. Schwarzbrot und Spanien schienen sich zumindest im ländlichen Raum auszuschließen. Das Baguette-Brot hatte gleich zu Beginn meiner Wanderung dazu geführt, dass mein rechter Mundwinkel eingerissen war und einfach nicht heilen wollte. Das war nur belastend. Als Krönung des Frühstücks präsentierte sich noch meine Hausmarke. Konfitüre von Tamara – in Deutschland zu haben bei ALDI. Der einzige Unterschied war, dass hier in Spanien die Gläser eckig waren. Das war mir aber Wurst, besser gesagt: Marmelade! So gestärkt konnte es wieder in die Spur gehen.

Die heutige Etappe sollte leicht zu bewältigen sein. Es handelt sich um einen relativ kurzen Trip von etwas über 20 km. Meine Abendliche Tourenplanung bot allerdings keine sinnvollere Alternative. Der Weg selbst gestaltete sich überwiegend als ein ständiges bergauf und bergab zwischen Feldern hindurch und der prallen Sonne ausgesetzt. Zusätzliche Brunnen am Weg waren Fehlanzeige. Dies störte mich allerdings wenig, da ich mit meinem Wasserhaushalt ganz gut zurecht kam. Ansonsten rechts und links des Weges Disteln über Disteln in den verschiedensten Ausführungen. Besonders in den frühen Morgenstunden mit der aufgehenden Sonne im Rücken – ich wanderte schließlich in Richtung Westen und die Sonne geht bekanntlich im Osten auf – waren die Disteln schön anzusehen. Ich nahm mir auch hin und wieder die

Zeit, um stehen zu bleiben und einfach nur zurück zu schauen, der aufgehenden Sonne entgegen.

Viana selbst präsentierte sich als gemütliche kleine Stadt. An der Grenze zwischen Kastilien und Navarra liegend, hatte Viana besonders im Mittelalter seine Blütezeit. Heute ging es dort sehr ruhig zu. In der Mittagszeit sowieso, außer in den Kneipen – pardon Bar's. Hier kommt das Leben offensichtlich nie zum Erliegen, solange es etwas zu erzählen und zu trinken gibt. Die oft überdimensionalen Flachbildschirme an den Wänden (in jeder Bar einer) tragen zusätzlich zur Unterhaltung bei und liefern immer wieder neuen Gesprächsstoff. So ist hier das einfache Leben, besonders das der Männer. Frauen sieht man tagsüber so gut wie gar nicht in den Bar's. Auf den Straßen auch nicht. Als ob es hier keine gäbe.

Um 11:30 Uhr war ich heute bereits am Etappenziel angekommen und stand vor der Tür der noch verschlossenen Herberge. Diese macht erst um 12:00 Uhr auf und es war auch keinerlei Bewegung im Inneren zu erkennen, was darauf schließen ließ, dass man schon vor der offiziellen Zeit keinen Zutritt bekam. Kurz vor zwölf näherte sich eine gesetzte Dame mit Einkaufstüten bepackt. Zielsicher steuerte sie auf den Eingang der Herberge zu. Es war die Chefin. Es war unschwer zu erkennen, welches mein Anliegen war. Nachdem ich meinen Rucksack wieder dorthin gebracht hatte, wo er hingehörte, nahm ich der Dame die Einkäufe ab, damit sie mir Einlass gewähren konnte. Es ist eben immer ein Geben und ein Nehmen.

Ich bezog ganz relaxt meine Schlafstätte und ging wie immer meinen häuslichen Tätigkeiten nach. Nachmittags leistete ich mir erst einmal ein spanisches San Miguel 0,0 vom Hahn. Alkoholfreies Bier vom Fass und auch noch gut gekühlt sowie wohlschmeckend hatte ich hier in Spanien wirklich nicht erwartet.

Was ich auch nicht unbedingt hier erwartet hatte war, dass ich auf eine kleine Gruppe von Studenten von der HU Berlin treffe, die einen Teil des Jakobsweges (aus Zeitgründen nicht den ganzen Weg) bewältigten. Ihnen voran Martin – ein Kerl wie ein Baum, mindestens Schuhgröße 46 und sicher ihr Anführer oder Mentor. Wir kamen ins Gespräch. So entstehen „Zeitfreundschaften". Sie hatten auch in der gleichen Herberge eingecheckt, wie sich später herausstellte.

Beim Frühstück am nächsten Morgen stellte sich wieder einmal heraus, dass Studenten eine Spezi Mensch für sich sind. Meine neuen Zeitfreunde hatten mich zum Frühstück eingeladen – Pilger teilen gern. Nachdem jeder einen Platz gefunden hatte, ging es ans Essen, außer was Christoph betraf. Christoph kramte erst mal in seinem Rucksack, brachte schließlich diverse Verbandsutensilien zum Vorschein und breitete sie auf dem Frühstückstisch

(!!!) aus. Dann begann er seine blasengeplagten Füße zu „tapen". Sehr modern der Begriff „tapen". Modern auch der Zeitpunkt und der Ort des Geschehens – am Frühstückstisch. Ich hätte wahrscheinlich den etwas altmodischen Begriff „verbinden" verwendet und dieses entweder vor oder nach dem Essen getan. Jedoch auf keinen Fall am Frühstückstisch!

Monika, meine jahrelange Kassiererin im Waldbad, hätte ihre blanke Freude am Geschehen gehabt und ihrer Meinung betreffs der Studenten allgemein einen dicken Minuspunkt hinzugefügt. Ich fand das alles nur amüsant und irgendwie putzig.

Unterwegs erzählte mir Christoph, wie er sich auf die Wanderung vorbereitet hatte. Ein paar nützliche Sachen für den Rucksack zusammengekauft und ein Paar nicht billige Wanderschuhe erstanden und damit war die Vorbereitung abgeschlossen. Mit den Schuhen drehte er noch drei Runden um den Block, damit waren sie eingelaufen. Nun wunderte ich mich überhaupt nicht mehr. Wenn ich da an meine Übungskilometer denke, ganz zu schweigen von der Sorgfalt der Auswahl meiner Wanderschuhe, dem wichtigsten Ausstattungsbestandteil meiner Ausrüstung überhaupt.

Mit Christoph und Uta ging ich auf den nächsten Etappen des Öfteren ein paar Kilometer gemeinsam. Das gestaltete sich wie folgt: Wir gingen zusammen – sie waren schneller – ich ließ mich zurückfallen – sie pausierten – ich überholte sie, machte irgendwann, wenn meine Zeit dran war, Pause – wir gingen wieder ein Stück gemeinsam. Ich hatte meinen Pilgerrhythmus gefunden. Der weitere Weg gestaltete sich abwechslungsreich. Die Brombeersträucher am Wegesrand wurden weniger. Sie wurden abgelöst von ausgeprägten Weinplantagen. Die Weintrauben sahen verlockend aus. Mein innerer Drang, den Vitaminhaushalt des Körpers etwas aufzustocken, siegte schließlich. Ich genehmigte mir eine kleine Kostprobe. Immer nur 10 Trauben, das war für mich Mundraub, der ja schließlich nicht bestraft werden kann... Man kommt schon auf verrückte Gedankenspiele, wenn man sich längere Zeit der Sonne preisgibt.

Nun, alles in allem, die Weintrauben taten mir gut und waren eine willkommene Zwischenmahlzeit. Sie richteten auch keinen Schaden in meinem Magen-Darm-Trakt an. Die Kombination Weintrauben und Leitungswasser ist ja bekanntlich nicht jedermanns Sache.

Auf dem Weg zum heutigen Etappenziel Navarrete durchquerte ich Logrono – eine Großstadt mit über 140.000 Einwohnern und mit Flair. Am Rio Ebro gelegen, dem für mich bekanntesten Fluss Spaniens, zeichnete sich Navarrete besonders durch seine großzügigen Parkanlagen aus, in denen die Menschen auch verweilen und nicht nur hindurch gingen. Ich gönnte mir auch eine halbe Stunde Ruhe. Das tat gut, auf einer Bank sitzen, Menschen beobachten und einfach nichts tun.

In Navarrete entdeckte ich an einer Hauptgeschäftsstraße einen Geldautomaten, an dem ich ohne Gebühren Geld abheben konnte. Ich war zwar noch flüssig genug, dachte mir aber, nutze die Gelegenheit. Wer weiß, wann es sich wieder so günstig ergibt. Gesagt, getan. Es funktionierte recht gut und unkompliziert. Einfach die richtige Sprache wählen und dann durch das Menü surfen. Jetzt wusste ich, dass ich in Spanien nicht verhungern musste.

Kurz hinter Navarrete führte mein Weg an einem kleinen See oder großem Teich vorbei. War für mich nicht so leicht zu definieren. Markant waren die unzähligen Karpfen, die sich sehr ufernah im Wasser tummelten. Es waren alle möglichen Größen zu sehen, aber kein Angler, nicht einmal ein Deutscher. In der letzten Nacht hatte es ein wenig gewittert.

Dadurch war die Luft heute etwas angenehmer. Der geringfügige Regen hatte dazu geführt, dass neben den Menschen unzählige Schnecken unterwegs waren. Heute, wie gesagt, viele Schnecken, gestern kreuzte nur eine Ameisenautobahn meinen Weg.

Allzu vielfältig präsentierte sich die spanische Tierwelt meinem Auge nicht. Selbst die Vogelwelt schien oft zu schlafen.

Da ich gerade schlafen erwähnte, heute bezog ich Quartier in der La Casa del Peregino in Navarette. Für 8,- Euro hatte ich eine recht angenehme Bleibe gefunden. An dieser Stelle muss ich unbedingt festhalten, dass sich auf dem Camino auch recht eigenartige Menschen bewegten – oder war ich eigenartig?

Als ich in der Herberge gerade meinen Schlafplatz herrichtete, platzte eine jüngere Pilgerin (wahrscheinlich Studentin o.ä.) herein, warf ihren Rucksack auf's Bett und fing an, darin zu kramen.

Dann holte sie offensichtlich einen Laptop hervor. Mit diesem stürzte sie sich auf der Suche nach einer Stromquelle in der Nähe des Fensters neben das Kopfende meines Bettes, hockte sich mit dem Gerät auf den Boden und fing an, wie wild in die Tasten zu hauen. So findet eben jeder seine eigene Erfüllung...

Unter Jakobsweg hatte ich mir etwas anderes vorgestellt – Ruhe, Entspannung, In-sich-gehen. Aber was sich hier häufig abspielte, hatte mit diesen Erwartungen nichts zu tun. Die Technisierung hatte den Weg gut im Griff. Handys und I-Phones gehörten fest zum Ausrüstungsmuss vieler Wanderer. Steckdosen waren in den meisten Unterkünften ausreichend vorhanden und WLAN war hier oft kein Fremdwort aus einer anderen Welt mehr.

Ich hatte den Eindruck, dass der Kommerz auf dem Jakobsweg angekommen ist und diesen auch mehr oder weniger fest im Griff hat. Mit viel Betrieb, was die Anzahl der Wanderer betraf, hatte ich gerechnet. Mit so etwas aber nicht. Diesbezüglich war ich enttäuscht. Zum Glück spielte sich diese moderne Welt meistens nur in den Herbergen ab. Beim Wandern spürte man nicht allzu viel davon. Trotzdem bekam ich Zweifel an meinem Tun.

Nach einer guten Nacht und einem noch besseren Frühstück im Ort begab ich mich wieder auf den Weg in Richtung Azofra, meinem heutigen Etappenziel. Geplante Gehzeit ca. 6 Stunden. Dies war für mich eine normale Wegstrecke. Bis Najera hatte ich meine tägliche Ration an Weintrauben bereits intus. Habe die Menge auf Grund des Mangels an Brombeeren von täglich 10 auf 30 erhöht. Was sein muss, muss sein; Vitamine unbedingt! Ein Wegweiser zeigte an: 578 km bis Santiago de Compostela. Das bedeutet für mich: gut 200 km sind bisher geschafft.

Die Landschaft hatte sich allmählich geändert. Den grauen tristen Steinen und den verdörrten Wiesen und Weiden folgte jetzt eine lehmig rotbraune Landschaft mit Sandsteinfelsen. Die Farbe des Sandsteins erinnert mich etwas an Heiligenstadt. Das ist aber auch schon alles, was an Heimat denken lässt. Weinplantagen an Weinplantagen säumen meinen Weg. Interessant ist das sicher sehr alte Bewässerungssystem. Einfach, aber sehr effektiv. Es besteht aus einem Netz von kleinen Kanälen, die an bestimmten Kreuzungen abgeschiebert werden können – per Hand, um dann das Wasser in einen anderen Abschnitt zu lenken. Scheint gut zu funktionieren. Ich habe trotz der sengenden Sonne keine vertrockneten Weinstöcke gesehen.

In Najera habe ich meine Nahrungsreserven erst einmal aufgetankt. Bei „Spar" kaufte ich das Notwendigste – ½ Baguette, 2 Äpfel und 1 Nektarine. Ein bleibendes Erlebnis hatte ich am

Altes Bewässerungssystem

Fleischstand. Eigentlich wollte ich nur ein paar leckere Würstchen haben – Chorizos-Paprikawürstchen. Am Fleischstand wurde ich Opfer der Mentalität der Spanier. Ein Mann hatte ein Hühnchen ausgewählt und ließ es sich jetzt sorgsam nach allen Regeln der Kunst zerlegen. Das nervt. Diesbezüglich war ich noch nicht auf dem Camino angekommen. Mir fehlt es noch an Geduld und Ruhe. Da muss ich wahrscheinlich jede Menge üben oder anders ausgedrückt: Kilometer machen.

Von Najera aus war es nur noch eine gute Stunde bis nach Azofra, meinem heutigen Tagesziel. In der Ferne waren die ersten Häuser auszumachen und natürlich ein Kirchturm, Markenzeichen eines fast jeden Dorfes auf dem Jakobsweg. Manche Orte waren jedoch so klein, dass es sich sicher nicht gelohnt hat, eine Kirche zu erbauen. Mit den ersten Häusern nahm ich auch Böllerschüsse war. Nette Geste, dachte ich, zur Begrüßung Salut. Das war doch wirklich nicht nötig. Bezüglich der netten Geste revidierte ich meine Meinung später sehr gründlich.

Zunächst suchte ich erst einmal die von der Gemeinde betriebene Herberge. Diese war relativ leicht zu finden und präsentierte sich als ein sehr modernes Gebäude, stammte offensichtlich aus der Neuzeit. Die Herberge war von einer Mauer umgeben, hinter der sich ein sehr schöner Außenbereich verbarg. Sah sehr interessant aus. Im Inneren der Herberge ging es modern weiter. Zu meiner Überraschung (und mit Sicherheit aller anderen Pilger, die hier einkehrten auch) erfolgte die Unterbringung in Zweibettzimmern. Hatten eine gewisse Ähnlichkeit mit Schlafwagenabteilen der Bahn 1. Klasse. Links eine Koje, rechts eine Koje, jede mit individueller Beleuchtung und Steckdose ausgestattet, Pilgerluxus pur. So lässt es sich wandern.

Also Körper- und Wäschepflege erledigen, ein Nickerchen machen und dann eine Runde durch den Ort drehen. Ganz nebenbei nach einer Frühstücksmöglichkeit Ausschau halten. In der Herberge gab es leider nur einen Getränkeautomaten. Zwei Bar's boten morgens ab 06:30 Uhr Frühstück an. Das sollte genügen. Auf dem Markplatz herrschte reges Treiben. Eine Bühne war errichtet und man war gerade dabei, eine große Musikanlage zu installieren. Später sollte ich auch erfahren, warum!

Zurück in der Herberge machte ich es mir im Herbergsgarten gemütlich. Leider musste ich mich mit einem Automatenkaffee begnügen und dann auch noch Süßem. Ist bei mir eigentlich, was Kaffee betrifft, ein no go! Für die Zukunft beschloss ich: wenn Automatengetränk – dann Kakao. Da wird meine Erwartungshaltung wenigstens nicht enttäuscht.

Am Nebentisch hatten sich ein Mann und eine Frau niedergelassen und hielten Vesper. Sie waren rein äußerlich auch in meinem Alter und unsere Wege hatten sich unterwegs schon ein paarmal gekreuzt, wenn man in diesem Fall von kreuzen sprechen konnte, wo doch unser Ziel das Gleiche war. Ihrem Erscheinungsbild hielt ich sie für Franzosen. Das war aber ein Irrtum. Es waren Bruder und Schwester und sie kamen aus dem Rheinland. Schön, heimatliche Klänge zu vernehmen! Sie waren schon das vierte Mal auf dem Jakobsweg unterwegs. Für mich war dies zu diesem Zeitpunkt völlig unverständlich. Einmal ja, aber kein zweites Mal. Ich hielt sie zuerst auch für Luxuspilger, weil sie ihre großen Rucksäcke von Herberge zu Herberge transportieren ließen. Im Gespräch habe ich aber den Grund dafür erfahren. Die Frau hatte im Vorjahr eine schwere Rückenoperation hinter sich gebracht und wollte unbedingt den Weg wieder gehen… Sie war wirklich auf dem Camino angekommen.

Mittlerweile war es schon spät geworden und ich beschloss, mich bettfertig zu machen. Vom Ort war noch Musik zu hören. Ich maß dem keine Bedeutung bei. Im Bett den Luxus genießen, noch ein paar Seiten im E-Book lesen und dann endlich schlafen. Dieser Traum ging leider nicht in Erfüllung, sondern wurde immer mehr zum Albtraum. Die Musik wurde immer lauter. Mir kam es vor, als ob man Schallkanonen aufgestellt hatte und diese genau auf die Herberge gerichtet waren. Hinzu kamen permanent Böller, Silvesterknaller und Raketen.

Nachts gegen 02:30 Uhr stand ich auf und ging auf den Gang hinaus. Von hier hatte man einen Ausblick auf den Ort. Unweit vom Tor der Herberge, welches zum Glück verschlossen war, zogen Gruppen von Jugendlichen vorbei und machten sich mit den Gerätschaften lautstark vernehmbar. Zwei Stunden später ebbte der Lärm langsam ab. Gegen 5 Uhr klang auch endlich die Musik aus. Um 6 Uhr hieß es wieder Aufstehen. Die Nacht war zu Ende.

Zu dieser Zeit stand für mich fest: Diesen Weg gehe ich nicht bis zum Schluss. Karge Landschaften, laute Unterkünfte, durchgeknallte Dorfbewohner – all das hatte ich nicht erwartet. Ich befasste mich ernsthaft mit dem Gedanken, meine Pilgertour in der nächsten größeren Stadt (Burgos) zu beenden und nach Hause zurückzukehren. Ich hatte den Tiefpunkt meines Abenteuers erreicht.

Ursprünglich wollte ich keinen Cent in diesem Ort lassen und noch nicht einmal frühstücken, aber leider lag die nächste sichere Nahrungsstätte ca. 3 Stunden entfernt und da sind ein paar Erdnüsse und ein Becher Heißes aus dem Automaten definitiv zu wenig. Ich suchte eine der beiden Bar's auf und begab mich, ohne mich noch einmal umzuschauen, wieder auf den Weg.

Eine ganze Weile später dachte ich, das kann nicht sein. Ging die Ballerei jetzt weiter? Zu meiner Beruhigung musste ich feststellen, dass es sich hier um eine sonntägliche Freizeitbeschäftigung der bessergestellten spanischen Männer handelte. Sie waren auf Jagd.

Ich stellte mir in diesem Zusammenhang die Frage: „Warum müssen die Männer die paar Tiere, die ich bisher gesehen habe, auch noch abknallen?" Ich hatte unterwegs nur zwei jagenswerte Rebhühner gesehen. Alle anderen Tiere waren definitiv zu klein – Ameisen, Grashüpfer, Frösche.

Mein Weg führte durch eine sehr schöne neue Wohnanlage. Die Häuser hatten den Charakter von Stadtvillen und waren in einem größeren offenen Dreiviertelkreis angeordnet. Im Zentrum, etwas in einer Mulde gelegen, befanden sich eine Sportanlage und ein Schwimmbad. Was ich vermisste waren Menschen.

Beim näheren Hinschauen konnte man erkennen, dass der Großteil der Häuser augenscheinlich leer stand. Hier muss wohl ein Finanz- oder Immobilienkreis seine Spuren hinterlassen haben.

Ein Stückchen weiter dachte ich mich ein wenig nach Thüringen versetzt. Eine Reihe kleinerer Häuser mit angedeutetem Fachwerk. Der Weg gestaltete sich also sehr abwechslungsreich und das bis nach Granon, meinem heutigen Zielort.

Ich ging wieder ein Stück des Weges mit meinen Studenten zusammen, nur Martin fehlte. Er war schon vorausgeeilt und erwartete die kleine Gruppe bereits am Ortseingang. Er ließ verlauten, dass er schon Quartier bezogen hatte und noch genügend Platz für alle vorhanden war. Er geleitete uns in Richtung Kirche. In einem Nebengebäude der Kirche war die Herberge untergebracht. Machte von außen einen sehr beschaulichen Eindruck – historisches Gemäuer. Im Inneren ging es über eine uralte schmale Wendeltreppe. In der 1. Etage warteten wir auf Geheiß von Martin auf dessen Rückkehr. Es dauerte auch nicht lange, bis er wieder erschien. Er verkündete uns, dass die einzelnen Schlafräume bereits belegt waren, wir uns aber im Schlafsaal niederlassen konnten, dort standen genügend Matratzen auf dem Boden zur Verfügung…

Das war für mich dann doch genug Abenteuer. Ich verwies auf meine Rückenprobleme (die ich wirklich habe, bin Hexenschuss gefährdet) und verabschiedete mich – und stand kurze Zeit später ohne Bleibe wieder auf der Straße. Zum Glück war es noch früh am Tage, kurz nach Mittag und da sollte doch noch etwas in Sachen Quartier zu machen sein. Ich brauchte auch nicht lange zu suchen.

Etwa 200 m die Hauptstraße hoch und vor einem Hauseingang auf einer uralten Bank lud eine verkleidete Strohpuppe zum Verweilen ein.

Ich ging ins Haus. Der Eingang hatte eine gewisse Ähnlichkeit mit einer kleinen Toreinfahrt, wie ich sie aus tiefsten Heiligenstädter Zeiten kannte. Hinter der

Toreinfahrt ein paar Schritte weiter gelangte man auf einen größeren, teilweise überdachten Innenhof. Alles war sehr alt und ziemlich urig. Auf der einen Seite des Innenhofes war eine lange Tafel aus verschiedenen Tischen aufgebaut. Dazu ca. 20 Stühle, auch verschiedene. Wie sich später herausstellte, war dies der Raum für gemeinsame Messen und Essen. Hinter dem überdachten Teil befand sich ein kleiner offener Hof, der ein paar Sonnenstrahlen einfing. Hier waren Wäscheleinen gespannt. Es war der Trockenplatz. Ein Wasserhahn und ein darunter angebrachtes Waschbecken bildeten im Durchgang den Waschplatz.

Bis dato hatte ich noch keinen einzigen Menschen getroffen. Über eine Treppe gelangte ich ins 1. Obergeschoss. Hier war auch alles ruhig. Die verschiedensten „Wandmalereien", Sprüche, Wünsche, Daten und das alles in den verschiedensten Sprachen wies darauf hin, dass es

Urige Herberge in Granon

sich auf jeden Fall um eine Herberge handelte, wenn auch um eine sehr einfache.

Nachdem ich offensichtlich auch in dem Privatbereich kein Glück mit meiner Suche hatte, wollte ich mich gerade wieder auf den Weg begeben, um weiter zu suchen, als dann doch noch jemand erschien. Ein Mann um die 40 vielleicht – der Herbergsvater. Er begrüßte mich, kontrollierte meinen Pilgerpass und stempelte ihn schließlich ab. Dann verwies er mich in die drei Schlafräume und gab mir irgendwie zu verstehen, dass ich mir einen Schlafplatz aussuchen könne. Das Bad zeigte er mir auch noch. Es war offensichtlich für seine Familie und maximal ca. 35 Pilger gedacht. Alles sehr einfach .

Ich richtete meinen Liegeplatz unmittelbar am Fenster ein. Anschließend inspizierte ich das Bad. Es war funktionell, aber für einen Ansturm von vielleicht 30 Menschen am nächsten Morgen zu klein. Das hieß für mich, wenigstens um 05:30 Uhr aufstehen. Bevor ich Siesta hielt, erledigte ich noch meine Wäsche. Der kleine Innenhof gab aber zu wenig Sonne her. Meine Sachen waren abends noch nicht gänzlich getrocknet. Ich musste auf meinen Plan B für solche Fälle zurückgreifen. Also meine 3m Strippe aus meinen Waschutensilien kramen und kreuz und quer am Rahmen meines Oberbettes befestigen. Dann die Klammern zum Fixieren der Stücke einsetzen und fertig war Plan B. Am nächsten Morgen war alles bis auf ein Paar Socken trocken.

Meine Idee mit dem zeitigen Aufstehen war richtig. Ich war der Zweite, der seiner Morgentoilette nachgehen konnte. Die Nacht selbst verlief sehr entspannt. Auch Edgar (ein 79jähriger Berliner!) musste ohne Schnarchlaute geschlafen haben. Ihn hatte ich unterwegs getroffen und wir waren ein kurzes Stück zusammen gegangen. Edgar hatte kürzlich seine Frau verloren und wollte unbedingt ein Vermächtnis erfüllen. Mein Respekt.

Das Frühstück überraschte mich: Filterkaffee, frische Toastscheiben und Baguettes, Käse, Wurst sowie Marmelade. Letzteres war für mich schon Extraklasse. Ich genoss es und wäre mir wahrscheinlich, wenn ich statt der 10,- Euro nur 5,- Euro in die Spendenbox getan hätte, sehr schäbig vorgekommen. Die Bezahlung erfolgte in der Herberge auf Spendenbasis. Üblich sind 5,- Euro. Ich war sehr davon angetan, wie einfache Menschen wildfremden Menschen das Leben für einen kurzen Augenblick so angenehm wie nur möglich machen. Und das alles einem Mythos folgend – dem Jakobsweg. Diese Erkenntnis hat tiefe Spuren bei mir hinterlassen. Aber wie heißt es: Weiter, weiter und voran.

Ortsausgangs war für mich die Richtung, die ich einschlagen musste, nicht ganz genau erkennbar. Auf gut Glück loswandern wollte ich auch nicht. Einmal verlaufen kann sehr kräftezehrend sein. Ich wartete kurz, da sich zwei jüngere Pilgerinnen näherten. Diese suchten gar nicht erst, sondern schauten nur zielsicher auf ihre GPS gestützte Gehhilfe und schlugen den Weg nach rechts ein. Später, als ich den ersten gelben Pfeil ausmachte, wusste ich, meine Entscheidung zu warten und indirekt Hilfe zu beanspruchen war richtig.

Das Bild der Landschaft hatte wieder gewechselt. Heute gab es keine Brombeeren und auch keine Weintrauben. Dafür jede Menge Gemüse und Sonnenblumenfelder. Die Landschaft von gestern war mir lieber. Ich stehe nicht so auf den Verzehr von Sonnenblumenkernen. Andere waren da anderer Meinung. Immer wieder sah ich kleinere Gruppen von Pilgern, die sich in den Sonnenblumenfeldern labten.

„Zweites Pilgerfrühstück"

In Belorado, einem kleinen Städtchen, machte ich dann Rast und nahm meine Vesper zu mir. Dann ging es weiter. Ich war gut unterwegs, zu gut. War schon um 12.05 Uhr am eigentlich für heute vorgesehenen Zielort. Das war mir zu zeitig. Ein Blick in den Wanderführer und mein Entschluss stand fest: Weiter geht's. Nächstes Ziel – Villafranca. Das bedeutete noch 1 ½ Stunden weiter wandern. Die Sonne meinte es schließlich gut mit mir und das gute Wetter musste ich weiter ausnutzen. Bisher hatte ich großes Glück. Noch kein einziger Regentag. Zwischendurch ein oder zwei Regentage würden wahrscheinlich den Lustfaktor zum Pilgern gegen 0 sinken lassen, obwohl ich Regenkleidung mit hatte.

In Villafranca angekommen, wählte ich zum Campieren die Herberge im Hotel San Anton Abad aus. Wie sich herausstellte, eine sehr gute Wahl. Die Herberge befand sich im Hotelanbau und war modern und sauber. Das pure Kontrastprogramm zur Unterkunft vom Vortag. Und das alles für 5,- Euro die Nacht. Das war kaum noch zu toppen.

Auf Grund der sehr guten Bedingungen auch im Außenbereich – große, im grünen gelegene Freifläche mit Liegen und einem Wäschetrockenplatz mit diesmal genügend Sonne – machte ich eine etwas erweiterte Waschaktion. Neben meinem Ausgeh-T-Shirt wanderten auch mein Schlafanzug und mein 1000-Tage-Handtuch in den Waschzuber. Aus Mangel an Platz (andere Pilger hatten ebenfalls die Idee zu einer größeren Wäsche) breitete ich einen Teil meiner Garderobe am Hang auf der Wiese aus. Nach gut zwei Stunden war alles trocken. So muss das sein. Dann macht Pilgern und Waschen Spaß.

Bei meiner ganzen Aktion verlor ich jedoch das Wesentliche aus den Augen. Mich mit Nahrung zu versorgen. Nach einem Espresso auf der Restaurant-

terrasse machte ich mich auf den Weg zum Mercado
– einem kleinen Tante-Emma-Laden. Ausgiebig im
Hotel zu speisen verkniff ich mir, obwohl extra für
Wanderer zwei Pilgermenüs angeboten wurden. Der
Preis lag bei 12,- Euro noch im erträglichen Rahmen,
aber die zu erwartende Menge war mir zu
umfangreich. Ich blieb da lieber bei meiner schmalen
Kost.

Zur Belohnung für meinen gelungenen Tag
genehmigte ich mir in einer kleinen Bar ein Stück
Tortilla und dazu ein kühles San Miguel 0,0. Das tat
gut. Später noch zwei Frankfurter, ein Stück
Baguette, eine Nektarine sowie den obligatorischen
Apfel. Und dazu noch eine kühle Büchse Bier 0,0 .
Das sollte für heute genügen.

Nach ein paar Seiten im E-Book schmökern begab
ich mich in Richtung Koje, nicht bevor ich mich
noch einmal gründlich geduscht hatte. Die Außentemperaturen lagen nachmittags noch bei 32° C. So
oft wie ich hier in Spanien geduscht habe, habe ich

dies noch nie zuvor . Morgens, nachmittags, abends. Ich nahm auch jeden Morgen eine Ganzkörperpflege vor, die meisten Pilger waren um diese Zeit oft nur mit Zahnbürste, Paste und Handtuch unterwegs, wie früher schon erwähnt. Zugegeben, manchmal war das morgendliche Duschen wahrscheinlich über- flüssig, wie zum Beispiel heute. Nach 20 min Gehzeit gleich zu Anfang bergauf, war ich bereits das erste Mal durchgeschwitzt …

Die letzte Nacht hätte übrigens so schön sein können, wenn sich nicht irgendwann nach Mitternacht ein Franzose und eine Französin ins Streiten gekriegt hätten, so dass letztendlich Hotelpersonal schlichtend eingreifen musste. Wie ich später von Christoph – meine Studenten hatten hier auch Quartier bezogen – erfuhr, handelte es sich bei den Franzosen um Mutter und Sohn. Letzterer wurde bezichtigt, ihr Geld entwendet zu haben. Wie die Sache auch ausgegangen sein mag, meine Nachtruhe war wieder einmal empfindlich gestört.

Die Tage sind so schön, wenn nur manche Nächte nicht wären…

Gestern war mein Wegesrand häufig von Löwenzahn, Margeriten und Klatschmohn gesäumt. Heute führte mein Weg nach einem kurzen Anstieg schnurgeradeaus durch ein ausgedehntes Waldgebiet. Am Wegesrand wuchs Heidekraut in allen Schattierungen. Der Weg selbst hatte den Charakter einer Schneise von 50 – 60 m Breite. Der Begriff Schneise war genau die richtige Bezeichnung und müsste nur um das Wort „Brand" erweitert werden. In Spanien werden Brandschutzstreifen wesentlich großzüger angelegt als in Deutschland. Die Häufigkeit von Waldbränden ist in Spanien viel größer.

Diese Schneise war durch mehrere Pilgerpfade durchzogen. Wahrscheinlich hatten schon viele Wanderer vor mir je nach Witterungslage und

Bodenbeschaffenheit sich ihren günstigsten Weg gesucht. Auf einer größeren Freifläche war ein Denkmal errichtet worden. Es gedachte getöteter Freiheitskämpfer aus der Zeit 1936 – 39. Auch hier hatte damals offensichtlich der Faschismus seine Spuren hinterlassen...

Ich verweilte einen Augenblick und dachte an meine eigene Vergangenheit. Ich war in einer Welt aufgewachsen, in der die historische Chance gegeben war, die Ideale der in Spanien ums Leben gekommenen Freiheitskämpfer zu verwirklichen. Leider wurde diese Chance verspielt. Machtbesessenheit, Habgier und Unfähigkeit ließen den Sozialismus maßgeblich scheitern. Ich war zu tief mit diesen Idealen verbunden, so dass ich mich nach der Wende keiner neuen politischen Bewegung anschloss, ob rosarot, grün oder schwarz. Mein Focus richtete sich auf meine Familie, die Arbeit, auf den Sport und vor allem auf die Natur.

Nun muss ich aber aufpassen, sonst verlaufe ich mich noch auf dem Jakobsweg, obwohl er immer noch geradeaus führt. Außer Wanderern waren vor und hinter mir keine Lebewesen auszumachen. Nur ein paar Rotkehlchen machten sich ab und zu bemerkbar, weil sie sich in ihrer Ruhe wahrscheinlich gestört fühlten. Langsam wurde es Zeit, dass ich nach San Juan de Ortega kam. Ich bekam Hunger. Mein heutiges Frühstück war nicht unbedingt ergiebig: 3 Bissen vom trockenen Baguette, 2 Frankfurter (nur halb so lang wie in Deutschland), 3 x Nüsse aus der Tüte greifen, ein paar Schluck Wasser. Am meisten fehlte mir eine gute Tasse Kaffee und sei sie noch so klein.

Endlich war San Juan de Ortega erreicht. Im Zentrum dieser sehr schönen alten Stadt suchte ich eine Bar auf. Meine Sehnsucht wurde belohnt. Ein köstliches Croissant, ein Milchkaffee (wegen der Größe) und ein Espresso als Krönung. So gestärkt und zufriedengestellt konnte es weitergehen in Richtung Atapuerca, meinem heutigen Tagesziel. Zwei Stunden waren für die Strecke vorgesehen. Diese zwei Stunden waren etwas nervend. Mal vor mir und mal hinter mir eine Gruppe Engländer, die sich sehr laut unterhielten. Zum Schluss konnte ich kein Englisch mehr hören...

In Atapuerca angekommen brauchte ich die Herberge nicht lange zu suchen. Sie lag direkt an der Wegstrecke und war noch geschlossen. Ich hatte noch eine Stunde Zeit, mich im Ort etwas umzusehen. Auf meiner Erkundungstour stieß ich auf Bea's Tienda, eine Mischung aus Bar und kleinem Mercado. Dazu ein schöner Biergarten mit alten Bekannten. Ich hatte meine Studenten wieder einmal eingeholt. Sie hatten es sich gemütlich gemacht. Ich gesellte mich dazu. Besser konnte man seine gewonnene Freizeit nicht verbringen. Wie ich erfuhr, waren sie aber für heute noch nicht am Ziel.

Sie wollten noch weiter in Richtung Burgos. Das war mir zu heftig. Unausgeschlafen fünf Stunden wandern bei großer Hitze reichen für einen „alten Mann". Gemeinsam brachen wir nach etwa einer Stunde auf. Sie in Richtung Burgos, ich in Richtung Herberge.

Am Gartentor der Herberge hatten sich bereits 4 weitere Pilger eingefunden, die für heute augenscheinlich keine Lust mehr zum Weiterwandern hatten. Von außen machte die Anlage einen einladenden Eindruck. Sie hatte den Charme eines FDGB-Betriebsferienlagers aus tiefsten DDR-Zeiten. Rechts und links befanden sich zwei Flachbauten mit den Zimmern, der Rezeption und den Wirtschaftsräumlichkeiten. Die Zimmer mit 6 Doppelstockbetten waren überschaubar und auf Grund der Flachbauweise der Häuser auch relativ warm.

Ich nutzte die Gunst der Stunde zu einer ausgiebigen Reinigung und einer noch ausgiebigeren Mittagsruhe. Eigentlich muss es ja Nachmittagsruhe heißen, denn die 12-Uhr-Marke war schon vor zwei Stunden überschritten worden. Danach begab ich mich noch einmal zu Bea's Tienda, um ein paar Nahrungsmittel für das Abendbrot zu kaufen. Ein kühles Alkoholfreies war auch nicht zu verachten. Um's Frühstück brauchte ich mir keine Sorgen zu machen. Bea stand morgens um 7 Uhr bereits wieder auf der Matte. Bei Bea handelte es sich um eine attraktive Spanierin, so um die 40 Jahre. Bilder in ihrer Tienda ließen erkennen, dass sie selbst die Welt schon gesehen hatte, aber auch bei Pilgern aus aller Herrgotts Länder einen guten Eindruck hinterlassen hatte. Ab dem nächsten Morgen konnte sie einen Fan mehr auf ihre Liste setzen…

Die Nacht selbst war im Zimmer etwas anstrengend. Ließ man Fenster und Tür offen, zog es. Machte man nur eines von beiden auf, stand die Luft im Raum. Hinzu kam, dass sich ein paar meiner Mitbewohner beim Abendessen den Genüssen kräftiger Speisen hingegeben hatten. Die schwüle Luft war zusätzlich vom Geruch nach Zwiebeln und Knoblauch angereichert. Letzteren mag ich besonders. Nicht dass ich keinen Knoblauch esse, als Beigabe beim Anrichten von Speisen (und besonders beim Gehackten aus Heiligenstadt) ist er mir durchaus willkommen, aber in purer oder starker Konzentration genossen und danach in beengten Räumen ausmuffeln, ist er für mich eine Zumutung. Irgendwie habe ich aber auch das überstanden. Wahrscheinlich vor Erschöpfung ob der vorherigen Nacht.

Das Frühstück bei Bea entschädigte mich für die vergangene Nacht. Gut gestärkt ging es dann los in Richtung Burgos. Ich konnte es heute etwas entspannter angehen. Die veranschlagte Gehzeit belief sich auf 4 ½ Stunden. Trotzdem schien es mir ratsam, nicht allzu sehr zu bummeln.

Burgos war eine begehrte Stadt und wenn ich mir so durch den Kopf gehen ließ, wie viel Pilger unterwegs waren, dann konnte es bezüglich der Übernachtung schon eng werden. Hinzu kam, dass eine größere Anzahl von Pilgern ihren Ausgangspunkt für die Wanderung in Burgos wählten. Burgos war ein großer Verkehrsknotenpunkt. Die Infrastruktur war sehr gut aufgestellt. Als Unterkunft hatte ich mir die Casa de Cubos ausgesucht. Sie hat 150 Betten, kostete 5,- Euro und befand sich in unmittelbarer Nähe der Kathedrale. Bevor ich die Herberge erreichte, musste ich mich aber erst noch durch die Außenbezirke von Burgos kämpfen.

Nach Burgos begab ich mich über eine der großen Ausfallstraßen, die durch ein Industriegebiet führte. Teilweise fühlte ich mich wie zu Hause. Es musste wohl an der Automeile liegen, an der ich vorbei kam.

Ein großes Autohaus gab dem anderen die Klinke in die Hand. Natürlich durften die Häuser, die Autos deutscher Prägung anboten, da nicht fehlen. Zum Glück säumten diese Häuser nur die eine Straßenseite. Auf der anderen Seite befanden sich normale Wohnhäuser.

Hier entdeckte ich hin und wieder meine Freunde – die gelben Pfeile. Wenn auch schon manchmal ziemlich verwittert, bildeten sie doch die zuverlässigste Orientierungsmöglichkeit auf dem gesamten Jakobsweg. Ich hatte sie formlich ins Herz geschlossen. Sicher auch die Jakobsmuscheln in den verschiedensten Formen, ob als ein im Gehweg eingelassener Stolperstein, ob Kilometersteine ähnlich wie Grenzmarkierungssteine mit einge- lassenen Jakobsmuscheln oder moderne Stelen mit genauer Kilometerangabe bis Santiago. Sie wechselten bis Santiago häufig. Die gelben Pfeile blieben. Hinzu kam, dass in größeren Städten oftmals Hinweisschilder in Form von blauen Pfeilen und mit einer Jakobsmuschel versehen angebracht waren. Herberge stand ebenfalls darauf. Diese Schilder waren Wegweiser zu Herbergen. Oftmals befanden sich diese aber nicht direkt am Jakobsweg. Der Weg führte manchmal in eine ganz andere Richtung. Man musste einfach nur aufpassen. Und da kommen die gelben Pfeile wieder ins Spiel.

Ich bewegte mich in Richtung Zentrum von Burgos. Hier konnte ich mich auch bequem an den ganz normalen Verkehrsschildern orientieren. Ich musste in Richtung Zentrum, da sich meine Unterkunft für die kommende Nacht in unmittelbarer Nachbarschaft der Kathedrale befand.

Je näher ich dem Ziel kam, je dichter wurde der Verkehr. Menschen strömten in Richtung Kathedrale, darunter viele Pilger. Ein Stück vor mir machte ich eine Schlange Pilger aus. Ungefähr 50 Personen. Als ich näher kam stellte ich fest, dass sie

Vor dem Eingang der Pilgerherberge in Burges

sich vor einer verschlossenen Tür aufgereiht hatten, dem Eingang zur Herberge Casa de Cubos, meinem heutigen Tagesziel.

Es war erst 11:30 Uhr und die Herberge öffnete um 12 Uhr. Ich beschloss mich anzustellen. Jetzt weggehen und eine andere Bleibe suchen, machte wenig Sinn. Wer weiß, was mich anderswo erwartet. Außerdem, hier warteten geschätzte 50 Pilger. Also war noch genügend Platz vorhanden, selbst wenn ich mich verschätzen sollte. Bin ich vielleicht der 51. oder 52. oder nur der 49? Egal, ich wartete. Als es endlich 12 Uhr war, blickte ich mich um und musste feststellen, dass die Schlange hinter mir genau so lang war, wie die vor mir. Das sprach für sich.

Direkt gegenüber dem Eingang befand sich eine Bar. Für den Betreiber musste die Lage eine Goldgrube sein. Bei der Anzahl von potenziellen Kunden. Die Herberge selbst befand sich in einer Seitenstraße, die zur Kathedrale führte und war in einem historischen

Gebäude untergebracht. Sie wurde von den Amigos del Camino betrieben, den Freunden des Jakobsweges. Der Ablauf im Inneren war professionell organisiert. Und es gab einen modernen Kommunikationsraum mit WLAN. Interessanter für mich war jedoch der Ausblick aus dem Fenster dieses Raumes. Man erhielt einen Anblick der Kathedrale von der Seite. Einfach nur atemberaubend!

Nicht immer ist die Postkartenansicht eines Denkmals, Gebäudes so. In diesem Fall die Präsentation der grandiosen Türme der Kathedrale durch das Fernrohr einer schmalen Gasse.

Nachdem ich mich obligatorisch gereinigt hatte, verzichtete ich heute auf ein Nickerchen und begab mich gleich auf Erkundungstour. Außerdem verspürte ich leichten Hunger. In einer der unzähligen Cafe's und Bar's rings um den Platz vor der Kathedrale ließ ich mich am Tresen einer Bar nieder. Sie war mir durch ihr reichhaltiges Angebot an Tapas ins Auge gefallen. Ich stellte mir eine kleine Auswahl zusammen, ganz nach dem Aussehen gelenkt. Was ich wirklich auf dem Teller hatte wusste ich nicht. Wahrscheinlich habe ich das erste Mal in meinem Leben Muscheln oder Schnecken gegessen. Auf jeden Fall schmeckte es irgendwie nach Fleisch, aber nicht schlecht. So ist es eben, wenn man kein spanisch kann. Da muss man schauen, was einem gefällt. Ein Cerveza 0,0 rundete die ganze Sache ab.

Nachdem ich für mein leibliches Wohl gesorgt hatte, machte ich mich auf den Weg zum Busbahnhof. Für mich stand fest, dass ich ein Stück vorfahren würde. Hatte ich mich zeitweilig mit dem Gedanken getragen, auf Grund der Bedingungen auf dem Jakobsweg (Unmengen an Pilgern verschiedenster Schattierungen und besonders der sehr anstrengenden Nächte wie z.B. in Azofra) meine Wanderung in Burgos zu beenden, hab ich mich dann zu einem Kompromiss entschlossen. Ich wollte erst einmal bis Leon mit dem Bus vorfahren und dann über meinen Wiedereinstieg ins Wandergeschehen entscheiden. Ganz abzubrechen kam für mich nicht mehr in Frage. Dagegen sprachen einmal die schönen Erlebnisse beim Pilgern und die doch sehr intensive Vorbereitung auf den Jakobsweg in der Heimat.

Ich besorgte mir also eine Fahrkarte für den nächsten Morgen nach Leon. Danach schlenderte ich noch kreuz und quer durch die Altstadt von Burgos, genoss die Atmosphäre, eine schöne große Portion Eis und auch ein Espresso durften nicht fehlen.

Am nächsten Morgen konnte ich etwas trödeln. Der Bus fuhr erst 08:40 Uhr und die Herberge lag nur knapp 30 min Gehzeit von der Estacion de Autobuses entfernt. Ich nutzte die Gelegenheit und frühstückte noch ausgiebig in der beschriebenen Bar gegenüber dem Eingang der Herberge. Es war auch noch relativ kühl. Ich hatte mir aber vorsorglich mein Outdoor-Sweatshirt angezogen. Dies war jedoch offensichtlich nicht warm genug.

Kurz nachdem ich die Bar verlassen hatte, oder besser gesagt, die im Außenbereich aufgestellten Sitzgruppen, kam ich auf die grandiose Idee, meine hochgekrempelten Hosenbeine noch einmal neu auszurichten. Ich bewegte mich ja schließlich mit dem Bus weiter – mit der Zivilisation. Eitelkeit lässt grüßen. Prompt bekam ich auch die Rechnung für mein Tun präsentiert. Beim Bücken ein kurzes Zucken im Rücken – Diagnose: leichter Hexenschuss.

Ich suchte mir in der Nähe eine Bank und entlud mich erst einmal meines Gepäcks. Dann lief ich ein paar Mal auf und ab, um meine Rückenmuskulatur wieder etwas zu entkrampfen. Schließlich hatte ich schon meine Erfahrungen mit diversen Angriffen der Hexe. Einmal am Liepnitzsee bin ich nach einem leichten Anfall 1 ½ Stunden später wieder gejoggt.

Ging wider erwarten gut. Heute Morgen griff ich aber auf den Inhalt meiner Pilgerapotheke zurück. Eine Kapsel Ibuprophen 600 sollte genügen, um das Schlimmste zu überstehen. Danach bewegte ich mich langsam in Richtung Busbahnhof. Zum Glück war wandern heute nicht vorgesehen.

Auf der Promenade am Rio Arlanzon suchte ich mir eine Bank und beschloss, hier den Sonnenaufgang zu genießen. Bis zur Estacion war es nicht mehr weit und ich konnte noch eine gute halbe Stunde relaxen und das morgendliche Treiben in Burgos beobachten. Auf dem Weg zum Bus schnell noch einen Espresso schlürfen und dann ging's ins Abenteuer Busfahren in Spanien.

Ich war am Busbahnhof erst einmal ziemlich beeindruckt. Großzügig und sehr übersichtlich angelegt. Das hatte ich gestern in der Schalterhalle gar nicht so wahrgenommen. Schon am Morgen herrschte hier ein reges Treiben. Wenn ich mich nicht irre, ist in Spanien der Bus das öffentliche Verkehrsmittel Nr. 1. Die Busse selbst modern und sauber, die Fahrer überaus freundlich und hilfsbereit. Meines Rucksacks wurde ich nach Angabe des Zielortes entledigt. Irgendwie wirkte alles gut organisiert. Der Rucksack wurde nicht nur einfach in die Staufächer gepackt, sondern wohlüberlegt vom Fahrer deponiert, damit beim Zwischenstopp nicht der halbe Bus ausgeräumt werden musste. Im Bus platziert ging es dann auch pünktlich los. Es dauerte eine Weile, bis wir endlich Burgos hinter uns gelassen hatten. Es war eben früh am Tag und wahrscheinlich so etwas wie abklingender Berufsverkehr.

Die sich anschließenden Landschaften boten nicht allzu viel Abwechslung. Felder, karge Flächen. Beeindruckend für mich war das gut ausgebaute Straßen- und Autobahnnetz. Und das alles in einem sehr passablen Zustand. Was mich in diesem

Zusammenhang auch faszinierte, waren die unzähligen Kreisverkehre innerorts und großzügig angelegte Trassen mit Viadukten außerorts.

Gegen 13 Uhr war mein heutiges Tagesziel – Leon – erreicht. In der Busbahnhofshalle informierte ich mich über eine Busverbindung nach Ponferrada und löste dann eine Fahrkarte. Mein eigentliches Ziel war Triacastela. Aber nach Triacastela gab es keine direkte Verbindung von Leon aus. Das hieß, in Ponferrada aussteigen, neu orientieren.

Jetzt war erst einmal Leon angesagt. Im Zentrum fand ich auch relativ leicht eine Touristeninformation. Ich brachte mein Anliegen einigermaßen verständlich an den Mann, oder besser gesagt an die Frau und verließ wenig später mit einem Übersichtsplan in der Hand die Information. Draußen orientierte ich mich erst einmal. Mein Ziel war, eine Herberge für die kommende Nacht zu finden.

Ich war noch in den Plan vertieft, als mich eine Spanierin ansprach und mir ihre Hilfe anbot. Ich verstand natürlich kein Wort. Irgendwie begriff ich schließlich, dass sie mir eine Unterkunft für die Nacht vermitteln wollte. Ich versuchte nach anfänglicher Skepsis den Preis in Erfahrung zu bringen. Sie begriff und schrieb mir 15 Euro auf meinen Orientierungsplan. Für mich war der Preis in Ordnung und ich dachte mir, bevor ich noch weiter suche, bin ich mutig und gehe einfach mit. Carmen, so hieß meine „Führerin", forderte mich auf ihr zu folgen.

Wir gingen ca. 10 min und gelangten an eine Hauptstraße. Nachdem wir diese überquert hatten, blieb Carmen vor einem ganz normalen Wohnhaus stehen. Mit einem Schlüssel öffnete sie die Tür und gab mir zu verstehen, ihr zu folgen. Mit dem Fahrstuhl ging es bis in den 3. Stock. Dort angelangt und ausgestiegen, ging Carmen zu einer Wohnungs-tür und öffnete diese. Was sich dahinter verbarg überraschte mich. Eine großzügige Wohnung bestehend aus einem Wohnzimmer, drei Schlafräumen, zwei Bädern und einer Küche – und das alles komplett eingerichtet; geschmackvoll mit schweren dunklen Möbeln. Wahrscheinlich Eiche rustikal oder so etwas.

Carmen zeigte mir mein Schlafzimmer. Ich war mehr als zufrieden. Wir regelten das Geschäftliche – ich gab ihr 20 Euro. Wechselgeld hatte sie nicht, gab mir aber zu verstehen, dass sie in der Bar unten im Haus Bescheid sagt und ich für 5 Euro Essen und Trinken bekam. Das war in Ordnung. Ich hätte auch für 20 Euro das Zimmer genommen. Zum Schluss gab mir Carmen noch zwei Schlüssel für die Haus- und Wohnungstür und zeigte mir, wo ich sie am nächsten Morgen hinlegen sollte. Die Tür brauchte ich nur hinter mir zuziehen. Dann noch einen Zettel mit Telefonnummer und Namen. Bei Problemen sollte ich anrufen und Carmen verlangen. Das war

Carmen. Ich sah sie nie wieder. Den Zettel habe ich heute noch…

Nun allein in der Riesenwohnung richtete ich mich erst einmal „luxuriös" ein. Natürlich gingen mir auch die verschiedensten Gedanken durch den Kopf. Was ist, wenn du morgen früh aufwachst ohne Sachen, Geld usw. Weit weg von Zuhause und vollkommen fremd?

Ich erkundete erst die nähere Umgebung und bewegte mich dann in Richtung Kathedrale. Diese war weiträumig von einem Bauzaun umgeben. Es fanden zur Zeit umfangreiche Sanierungsarbeiten statt. So blieb mir nichts anderes übrig, als sie von weitem zu betrachten. Als Aussichtspunkt hatte ich mir eines der vielen Straßencafés ausgewählt. Espresso gab's dazu – hier allerdings für 1,80 €. Erinnert mich ein wenig an die Preise in Berlin rund um den Gendarmenmarkt. Sonst kostet in Spanien die Tasse Espresso zwischen 1,- und 1,20 €. Egal, sollte auch nur eine Feststellung sein.

Wenn ich in Österreich im Urlaub bin, schaue ich auch nicht so auf den Preis. Bei einem Verlängerten und dazu einem Stück Marillenkuchen mit Schlagobers sowieso nicht...

Anschließend ging ich noch einmal in die am Platz ansässige Touristinformation, um mir meinen „Sello" in den „Credencial" (Stempel in den Pilgerpass) abzuholen. So etwas gab es bei Carmen nicht.

Unterwegs in der Altstadt von Leon schlemmte ich ein schönes Helado (Eis), suchte mir ein schattiges Plätzchen auf einer Bank unweit eines der ungezählten kleinen Springbrunnen, um einfach nur zu relaxen, Menschen zu beobachten und zu lesen. Schließlich habe ich genug vom Ausruhen und begebe mich noch einmal zur Unterkunft. Kleiner Orientierungstest – ist gelungen.

In der Wohnung angekommen musste ich feststellen, dass ein weiteres Zimmer belegt war. Durch den Spalt der offenen stehenden Tür konnte ich einen Rucksack ausmachen. Wieder hatte ein Pilger eine Bleibe für die nächste Nacht gefunden und meine anfänglichen Zweifel an der Richtigkeit meines Tuns waren beseitigt. Warum auch einen einzelnen Pilger „ausrauben", wenn man doch anders ein konstantes Nebeneinkommen erzielen konnte und dazu noch gestressten Menschen helfen konnte? So beruhigt durch meine Überlegungen zog ich noch einmal los, um irgendwo zu Abend zu essen. Eigentlich wollte ich meine 5,- Euro Überbezahlung bei Carmen unten in der Bar einlösen, aber diese hatte zu und es war nicht zu erkennen, ob sie heute noch einmal öffnet.

Ich verschaffte mir einen Überblick über die unmittelbare Umgebung und beschloss, heute international zu essen. Das vorzügliche Restaurant hieß „Burger King" und meine Speise nannte man hier doppelten Hamburger. Hamburger hatte ich ewig nicht gegessen – sie stehen sonst nicht auf meinem Speiseplan – aber dieser war ein Genuss, wenn man in diesem Zusammenhang davon sprechen kann. Und das Wichtigste, ich wurde satt! Ein Cerveza 0,0 rundete die Sache ab.

Die Nacht verlief für mich sehr entspannt. Zum Frühstück gab es ein Stück Baguette und ein Stück Chorizo. Dazu eine Kakaomilch. Kaffee war leider nicht verfügbar. Nach dem Frühstück – Start in Richtung Estacion de Autobuses. Den Schlüssel wie vereinbart in die Glasschale gelegt und die Tür hinter mir zugezogen. Danke Carmen für die herrliche Unterkunft! Das war das Beste, was mir in Sachen schlafen auf dem Jakobsweg passierte.

Bis zur Abfahrt des Busses in Richtung Ponferrada war noch genügend Zeit, um auf einen Espresso in eine Bar einzukehren. Damit war der Tag gerettet.

Im Bus eingestiegen ging es dann kurze Zeit später los.

Nach der Durchquerung der Innenstadt führte die Straße durch schier unendliche Industriegebiete. Als diese endlich hinter uns lagen, folgte flaches verdörrtes Land. Es war eben noch Hochsommer in Spanien. Nach Astorga – hier fuhren wir nur vorbei – wird es hügeliger, dann bergiger. Die Landschaft änderte sich zunehmend. Es kommen auch immer mehr bewaldete Flächen hinzu.

In Ponferrada angekommen, wartete eine unschöne Überraschung für mich. Es gab keine Busverbindung nach Triacastela, meinem heutigen Zielort und eigentlichen Ausgangspunkt meines restlichen Fuß- weges. An der Information in der Bahnhofshalle empfahl man mir, nach Lugo weiterzufahren und von dort nach Sarria. Das wäre heute noch möglich. Aus meinem Wanderführer wusste ich, Sarria war für viele Pilger der Ausgangspunkt ihrer Wanderung. Sie erfüllten damit die Bedingung, als Fußpilger wenigstens 100 Kilometer gegangen zu sein, um zur

Belohnung in Santiago die „Compostela", die begehrte Pilgerurkunde zu bekommen.

Auch wenn mich das schlechte Gewissen etwas plagte (zu wenig gegangen – zu viel gefahren – Gewissensbisse) beschloss ich, diesen Schritt zu gehen und bis nach Sarria weiterzufahren. Kurz im Kopf überschlagen würde ich damit auf eine Gesamtgehleistung von über 400 km kommen. Nicht hinzugerechnet die Ausflüge in den Städten und Dörfern. Für einen, der in Burgos abbrechen wollte, sollte das genügen.

In Sarria angekommen, war zu spüren, dass hier der Startpunkt für viele Pilger war. Es herrschte reges Treiben und die Angebote an Bars und Albergues hatten deutlich zugenommen. Ich glaube, hier brauchte keiner Angst zu haben, im Freien schlafen zu müssen. So fand ich auch sehr schnell eine recht passable Herberge – die Albergue Don Alvaro.

Sehr schön an der Herberge war, dass sie einen beschaulichen Innenhof mit Garten hatte. Bänke luden förmlich zum Verweilen ein. Als Krönung befand sich in der Mitte ein Springbrunnen. Hier spiehen ein paar Frösche unaufhörlich Wasser. Da kommen bei mir Erinnerungen an meine Heimatstadt Heiligenstadt hoch. Auf dem Bahnhofsvorplatz befindet sich ein Springbrunnen. An den vier Ecken des Brunnens sind vier steinerne Frösche, die unentwegt Wasser spucken...

Da muss ich erst soweit gehen/reisen, um an sowas erinnert zu werden. Bei meinem nächsten Besuch in Heiligenstadt werde ich unbedingt dort vorbeischauen. Mal sehen, ob sie immer noch da sitzen.

Mit einem Kakaotrunk und einem Stück Kuchen ist das ein guter Start in den neuen Tag. Ein Glück, dass ich das Elend nicht sehe, welches mich erwartet. Es ist noch dunkel draußen.

Mein „Wiedereinstieg" in die Wanderwelt beginnt gleich mit ca. 1 Stunde bergauf gehen. Die Luft ist feuchtwarm und ich bin nach 20 Minuten durchgeschwitzt. Wird wohl heute wieder so ein Tag werden mit schwitzen, trocknen, wieder schwitzen und wieder trocknen. Etwas nieselig ist es auch. Morgennebel, der sich langsam herabsenkt.

In der Morgendämmerung ist schon zu erkennen: Eine schöne Landschaft präsentiert sich meinen Augen. Und das Bild hat sich komplett geändert. Grüne Wiesen und Auen wechseln sich ab. Uralter Baumbestand, u.a. Eichen und ebenso alte Dörfer liegen heute auf meiner Strecke. Interessant ist auch, wie die Wiesen eingezäunt sind. Mauern aus zusammengesammelten Steinen bilden die Begrenzung. Ähnliches hatte ich bisher nur in den Alpen gesehen. In den Dörfern fallen mir eigenartige Bauten, teilweise auf Stelzen, auf. Oft gemauert, aber auch hin und wieder sehr alt aus Holz bestehend, sind sie so gebaut, dass sie luftdurchlässig

Eingrenzung von Wiesen

Noch 100 km bis Santiago

alter Herrero-Speicher

sind. Den Gedanken, dass es sich bei den Bauten um Gebetsschreine handelte, verwarf ich sehr schnell wieder. Dafür gab es zu viele. Vielleicht wurden hier Schinken oder Chorizos luftgetrocknet (Heiligenstadt lässt wieder grüßen: Stracke oder Feldgieker). Mit dem Gedanken lag ich gar nicht so verkehrt. Es handelte sich hier um sogenannte Horreos und sie wurden zur Bevorratung von Getreide verwendet. Selbst bei relativ neu errichteten Gehöften traf man sie an. Hier war ich mir jedoch nicht ganz sicher, ob sie nur noch symbolischen Wert besaßen.

Mein heutiges Etappenziel rückt näher: Portomarin. Bevor es nach Portomarin reingeht, gilt es über eine langgezogene Staumauer den Rio Mino zu überqueren. Der Rio Mino hat, wie in dieser Jahreszeit wahrscheinlich nicht anders zu erwarten, wenig Wasser. Nur die Breite des Flussbettes lässt erahnen, dass hier auch andere Wassermengen fließen können.

Was es vor der Staumauer bergab ging, geht es nach der Überquerung dieser am anderen Ende über eine steile Treppe wieder bergan. Dieses ständige bergauf/bergab kenne ich nun schon. Mit der Zeit habe ich mich daran gewöhnt. Oben angekommen weist ein Schild nach links zu einer Herberge. Schon von Weitem beim Überqueren des Flusses waren mir die recht modernen Bauten am oberen Rand des Hangs aufgefallen. Ich beschloss, mir diese aus der Nähe anzusehen. Vielleicht habe ich auch schon mein Quartier für die kommende Nacht gefunden.

Die Albergue befand sich im letzten Haus in der Reihe. Sie wirkte sehr modern und einladend. Gleich gegenüber vom Eingang war eine schöne Sonnenterrasse. Im Inneren der Herberge setzte sich der angenehme Eindruck fort. Ich wurde freundlich aufgenommen und nach der Erledigung der Formalitäten wies mich eine nette Spanierin in die Räumlichkeiten ein.

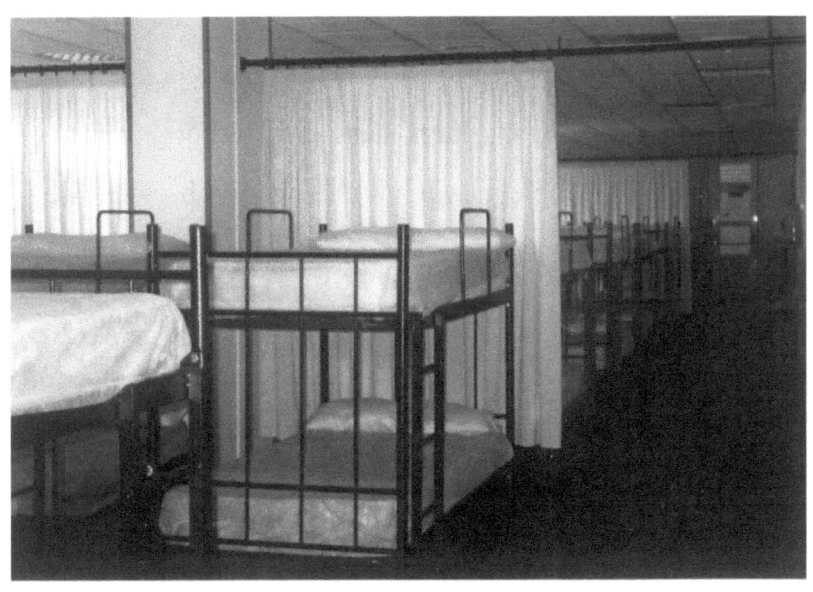

moderne Unterkunft in Portomarin

Zu guter letzt bekam ich mein Bett zugeteilt – im 120-Bettensaal. Allerdings zu meiner ersten Saalerfahrung in Roncesvalles war dies hier etwas ganz anderes. Der Saal war sehr hell und großzügig mit viel Platz zwischen den Betten eingerichtet. Außerdem war er durch helle Vorhänge in Abteile unterteilt worden, so dass der Turnhallencharakter verloren ging. Hinzu kam, dass die Herberge nur zu vielleicht 1/3 belegt war. Wahrscheinlich, weil sie sich gleich am Stadtrand befand. Mir sollte es nur recht sein. Wer kann schon übervolle Schlafsäle mögen?

Nach dem üblichen Werdegang machte ich es mir erst einmal auf der Terrasse bequem und genoss den Ausblick über das Tal und den Rio Mino. Wie schön muss es hier erst im Frühling sein, wenn alles blüht? Einen Espresso, ein paar Seiten im E-Book und dann wurde es Zeit, sich in Richtung Innenstadt zu begeben. Meinen zweiten Sello (Stempel) im

Pilgerausweis brauchte ich auch noch. Ab Sarria – die letzten 100 km bis Santiago – war es vorgeschrieben, pro Station sich zwei Stempel geben zu lassen, damit man zum Schluss die Compostela erhielt. Warum weiß ich nicht. Wahrscheinlich wollte man damit erreichen, dass die Pilger die Örtlichkeiten besser kennen lernten. Vielleicht soll es auch den Tourismus noch etwas beleben.

Zum Glück war es kein Problem, einen Sello zu bekommen. Herbergen, Kirchen, Touristinformationen, Bar's, ja sogar in Mercados konnte man jetzt stempeln lassen. Man musste aufpassen, dass es nicht in eine Stempelmanie ausartete und zum Schluss der Platz im Pilgerpass nicht ausreichte. Bis nach Santiago waren es schließlich ein paar Etappen, um genau zu sein: vier. Neben dem zweiten Sello brauchte ich auch noch einen Automaten, um meine Bargeldreserven bis nach Santiago etwas aufzufrischen. Was sein muss, muss sein …

Die Nacht verlief erwartungsgemäß sehr entspannt. Frühstück gab es diesmal aus dem Automaten. Sandwichs und Kakao waren angesagt. War in Ordnung so.

Ein Erlebnis von der gestrigen Etappe will ich noch erwähnen. Der Weg führte durch einen Wald. Mittendrin stand eine junge Spanierin. Sie hielt eine Schreibunterlage in der Hand. Wie sich herausstellte, sammelte sie Unterschriften für ein soziales Projekt. Ich unterschrieb natürlich. War für mich eine Selbstverständlichkeit. Als ich unterschrieben hatte, hielt die Spanierin die Hand auf und bat um eine Spende. Mit der Unterschrift hatte ich auch meine Spendenbereitschaft bekundet. Ein 2-Euro-Stück wechselte seinen Besitzer. Und das morgens gegen 8 Uhr und mitten im Wald! Kurze Zeit später stand wieder eine Spanierin am Wegesrand. Offensichtlich mit dem gleichen Ansinnen. Ich wies darauf hin, dass ich mich schon vorher geoutet habe und ging weiter. Wer weiß wie viel Unterschriften unterwegs noch gesammelt werden …

Heute ging es nach Palas de Rei. Wanderzeit gut 6 Stunden. Die Strecke versprach wieder abwechslungsreich zu werden. Wälder, Weiden und Wiesen waren angesagt. Außerdem verlief der Weg ein Stück parallel zur E 535, einer gut befahrenen Nationalstraße. Irgendwann tauchte vor mir eine Gruppe Pilger auf. Augenscheinlich Chinesen. Ein Mitglied der Gruppe führte eine Nationalflagge mit sich. Alles hätte ich erwartet, aber keine Chinesen.
Ihre Wanderausrüstung war teilweise amüsant, was die Damen betraf. Diese führten Rolli's mit sich, um ihr Gepäck zu transportieren. Nun ja, entweder sind die deutschen Rolli's nicht allzu belastbar, oder die chinesischen waren mit einem Geländegang ausgestattet. Trotzdem, bei diesem ständig wechselnden Terrain räumte ich den Gefährten keine großen Überlebenschancen ein. Ungewöhnlich war auch das

Schuhwerk – Turnschuhe. Ein freundliches Buenos Dias und ich überholte die Gruppe. Die Chinesen waren recht guter Stimmung. Durch Zeichensprache und einzelne Worte verständigten wir uns: Do Santiago, Do Santiago und Daumen hoch – das verstand jeder auf dem Jakobsweg. Nach Santiago o.k. und dann noch ein Buen Camino – Guten Weg. Weiter geht es.

Hin und wieder sind Hundegebell und Knallerei zu vernehmen. Ich denke, hoffentlich nicht schon wieder Azofra... Aber es ist heute Sonntag. Das bedeutet Jagdzeit, auch hier in Galicien. Das Ganze hält sich aber in Grenzen.

Dann ist Palas de Ru erreicht. Wieder ein kleines beschauliches Städtchen auf dem Camino. Bei der Auswahl betreffs meines Nachtquartieres entschied ich mich erneut für eine moderne Herberge. In der Albergue Mason de Benito kam ich für 10,- Euro gleich gut unter. Hier traf ich auf Manuel. Wenn man mit jemandem sofort Freundschaft schloss, dann mit Manuel. Ein Mitdreißiger und offensichtlich der Albergue-Manager. Er begrüßte mich und stellte sich kurz vor. Mir war es, als ob wir uns schon lange kennen. Manuel zeigte mir seine Herberge und besonders den Schlafraum mit 28 Plätzen. Ich sollte es mir bequem machen.

Bisher war noch niemand hier einquartiert. Im Stillen hoffte ich, dass dies auch so bliebe – und es blieb so. Ich hatte 28 Betten für mich ganz allein, welch ein Luxus. Ich konnte mich schön breit machen. Letztendlich belegte ich neben dem Bett, in dem ich schlief, drei weitere Betten mit meinen Sachen. Nachdem ich mich frisch gemacht hatte, traf ich unten in der Bar noch einmal Manuel. Er lud mich herzlich zum Abendessen ein – es gab ein Pilgermenü. Wir verabschiedeten uns bis später. Ich musste erst noch in die Stadt, mich um meinen zweiten Sello kümmern.

Ich bewegte mich in Richtung Zentrum. Auf dem Weg dorthin lag eine kleine Kirche. Einem Hinweisschild konnte ich entnehmen, dass es im Kirchenbüro möglich ist, seinen Pilgerstempel zu bekommen. Aus dem kleinen offenstehenden Kirchenportal klang sanfte Musik. Ich betrat die Kirche und war wie benommen. Aus verborgenen Lautsprechern füllte eine melodische weibliche Stimme den kleinen Saal. In der vorderen Bankreihe saßen zwei Pilger und lauschten den Klängen. Ich betrat die seitlich gelegene Sakristei, um meinen Stempel zu erstehen. Gegen eine kleine Spende war dies auch kein Problem. Danach nahm ich in einer vorderen Bankreihe Platz, um der Musik zu lauschen und um abzuschalten. Das war eines der schönsten Augenblicke während meiner Wanderung auf dem Jakobsweg. Wenn es für mich spirituelle Momente auf dem Weg gab, dann muss dies einer gewesen sein, ohne dass ich ihn bewusst wahrgenommen habe.

Als die Musik verklungen war, begab ich mich noch einmal in die Sakristei. Ich wollte mehr über die Sängerin in Erfahrung bringen. Der Küster bzw. Sakristeivorsteher verstand mein Anliegen und zeigte mir eine CD mit dem Bildnis einer Sängerin – Roxolana. Ich hatte den Namen vorher nie gehört. Für 12,- € wechselte die CD ihren Besitzer. Die Musik würde ich später sicher noch des Öfteren hören, den Moment der Abgehobenheit jedoch werde ich wahrscheinlich nie wieder erleben. Das war für mich Palas de Rei, ein kleines Städtchen im Westen Spaniens auf dem Jakobsweg.

Wenn ich heue an Palas de Rei denke, werde ich etwas wehmütig und eine tiefe Sehnsucht befällt mich.

Zurück in der Herberge war es Zeit zum Abendessen. Manuel hatte in der Bar schon gut zu tun. Ich war nicht der einzige Pilger, der Manuels Einladung gefolgt war. Darum brauchte ich auch nicht lange allein am Tisch verbringen. Zu mir gesellte sich Michael, ein Engländer und sehr redselig. Er war mir unterwegs schon mehrmals aufgefallen. Nie allein gehend und immer im Gespräch. Einfach ein uriger und angenehmer Typ. Wenn man ihn so hörte, konnte man annehmen, er war schon überall: Ich – Deutscher; Er – Oh ja, Germany/Berlin.

Was uns hier einte war das Pilgermenü. Ich hatte mich für Salatteller, Paprikaschote gefüllt, dazu Reis entschieden und danach ein leckeres Dessert. Michael wollte Fisch. Geschmeckt hat es uns beiden. Unsere Teller waren restlos leer gegessen. Ein besseres Lob für den Koch konnte es nicht geben. Dazu gab es noch ein kühles San Miguel 0,0 und als Abschluss einen Espresso. Damit war der Abend abgerundet.

Nach einer sehr entspannten Nacht und einem guten Frühstück in Manuels Bar geht es wieder los. Palas de Rei verlassend, führt der Weg heute durch eine abwechslungsreiche Landschaft. Leicht bergig, vorbei an Weiden und durch waldiges Gebiet. Wildtiere habe ich bisher keine gesehen, obwohl die Zeit ideal war, Morgendämmerung und erwachender Tag.

Heute muss ich gut wandern. Habe noch ein Pilgermenü von gestern abzulaufen... Siehe da, ein fröhliches Hola von der Seite. Meine chinesischen Pilgerfreunde sind wieder da. Sie müssen etwas abseits vom Camino genächtigt haben. Hier eine Herberge zu finden, ist sicherlich kein Problem. Je mehr man sich Santiago nähert, desto umfangreicher wird das Angebot an Übernachtungsmöglichkeiten. Die Pilger werden teilweise richtig umworben. Der Kommerz hat schon lange auf dem Jakobsweg Einzug gehalten. Er ist für viele Einheimische ein wichtiger saisonaler Wirtschaftsfaktor geworden.

Meditatives Wandern wird manchmal zur Glückssache. Abgeschiedenes Gehen wird nur zu häufig von Pilgerbikern und Sportpilgern gestört, die in einem atemberaubenden Tempo und oft nicht gerade leise an einem vorbeiziehen. Den Chinesen schien das nichts auszumachen. Als ich mich ein paar Kilometer weiter ihnen von hinten näherte, vernahm ich sonores Gemurmel. Als ich sie dann überholte, stellte ich fest, sie beteten. Einer sprach etwas vor und die ganze Gruppe sprach im Chor nach. Und das alles unter der roten Fahne mit den gelben Sternen... Für mich ein Beweis dafür, wie sich Nationalstolz und Glaube unter einen Hut bringen lassen.

Gute 6 Stunden bin ich heute unterwegs. Mein Ziel ist Ribadiso da Baixo, ein kleines Örtchen am Camino, sehr idyllisch gelegen. Die Einwohnerzahl laut Wanderführer toppt alles: 10 Einwohner. Das ist sehr überschaubar. Da die Herberge der Xunta (öffentliche) als sehr schnell gefüllt eingestuft wird und im Vorbeigehen auch ein reges Treiben auszumachen ist, habe ich mich gleich für die Albergue Los Caminantes I entschieden. Wie sich herausstellte, eine rustikale aber trotzdem moderne Herberge. Wirkte auch sehr einladend. Ich betrat die Herberge und wurde sofort von recht jungen Spaniern freundlich in Empfang genommen. Eine breite Treppe führte im Obergeschoss in den offenen Schlafsaal mit 60 Betten. An den Stirnseiten jeweils ging es zu den Sanitäranlagen.

Nachdem ich mein übliches Ritual erledigt hatte, ging ich noch auf Erkundungstour. Allzu viel war nicht zu entdecken. Ich ging in Richtung öffentliche Herberge und konnte nach näherem Betrachten verstehen, warum die Albergue so beliebt war: historisches Gemäuer mit viel Charme. Unmittelbar neben der Herberge verlief ein kleiner, recht klarer Bach. Er lud förmlich zu einem Fußbad ein. Ich konnte der Einladung nicht wiederstehen. Da meine

Freizeitschuhe (meine 3-Euro-Badelatschen) sehr wassertauglich waren, zögerte ich auch nicht lange und nahm ein erfrischendes Fußbad. Ein paar Pilger sonnten sich im Außenbereich der Xunta-Herberge und beobachteten mein Treiben. Durch meine Gestik- mit der Hand auf die Füße weisen und dann Daumen hoch – erhielt ich allgemeine Zustimmung. Ein Handtuch für danach benötigte ich nicht. Das erledigte die Sonne.

Zur Xunta-Herberge gehörte auch eine Bar mit Frühstücksangebot ab 7:00 Uhr. Der nächste Morgen war gerettet. Für mein Abendmahl war bereits gesorgt. Ich hatte mich im Mercado mit dem Nötigsten eingedeckt. Mit ganz entspannten Füßen ging es zurück zur Herberge. Die große Wiese hinter dem Haus und sporadisch verteilte Sitzgruppen luden förmlich zum Verweilen ein. Gesagt, getan. Mit dem E-Book bewaffnet, sicherte ich mir ein angenehmes Plätzchen, um den Trocknungsprozess meiner Wäsche zu überwachen. Sollte aber bei dem Wetter kein Problem sein – Sonne pur und dazu etwas Wind.

Die später folgende Nacht sollte wieder einmal eine Problemnacht werden. Ich bekam die Nachteile des offenen Schlafsaales voll zu spüren. Während oben müde Pilger versuchten den verdienten Schlaf zu finden, tobte im Bereich der Rezeption noch das Leben bis lange in die Nacht hinein. Musik, laute Unterhaltung, Gelächter und, und, und. Mir war nicht so richtig zum Lachen zumute, um diese Zeit schon gar nicht. Ein paar Betten neben mir hatte ein deutsches Ehepaar mit Sohn einen Schlafplatz gefunden. Der Mann war sehr erbaut ob der Situation. Er wollte nur noch die Nacht überstehen und dann weg, weg, weg. Zu allem Unglück musste sich sein Sohn in einer anderen Herberge mit Ungeziefer „angefreundet" haben – Flöhe. Für den Vater stand fest, der 110,- Euro Schlafsack muss unbedingt weg.

Ich hatte während der ganzen Wanderung auf dem Camino zu keinem Zeitpunkt Probleme mit irgendwelchen ungebetenen Gästen in Form von Kleinstlebewesen.

Nach dieser sehr unruhigen Nacht wollte ich auch nur noch weg. Zum Glück bot mir das Frühstück nebenan genügend Entschädigung. Es war sehr schmackhaft. Gut gestärkt und mit besserer Laune ging es wieder in die Spur. Natürlich war ich nicht mehr allein unterwegs. Die Sportpilger waren schon zahlreich vertreten. Ich zählte vor mir an die 20. Wie viel hinter mir liefen, weiß ich nicht. Ich schaue nicht zurück, immer nur nach vorn.

Dieser Betrieb hat mit dem Jakobsweg im ursprünglichen Sinne nicht mehr viel zu tun. Der Camino hatte sich seit Sarria gut gefüllt. Aber es gab immer noch Abschnitte, auf denen man auch ein paar Kilometer allein war. Das tat gut. Die Landschaft hat sich gegenüber dem Vortag wenig geändert.

Morgens hatte die Luft schon etwas Herbstliches an sich. Außer in manchen Dörfern. Da roch es richtig nach Landwirtschaft – Silomais. Gute 20 km waren heute zu bewältigen bis nach Pedrouzo, der letzten Station vor Santiago. Sollte ich morgen wirklich schon in Santiago ankommen?

In Pedrouzo fand ich eine schöne moderne und überschaubare Herberge mit 56 Betten auf mehrere Zimmer verteilt. Die Senora an der Rezeption war sehr entgegenkommend. Ich beschloss, später noch einmal betreffs der Reservierung eines Schlafplatzes für 3 Nächte in Santiago mit ihr zu sprechen. Zuvor hatte ich mich im Wanderführer für zwei Herbergen am Stadtrand von Santiago de Compostela entschieden. Ich ging davon aus, dass bei dem Betrieb auf dem Jakobsweg die Chancen auf eine Bleibe hier größer waren. Ich wollte auch zum Schluss nicht noch einmal in solch eine Situation kommen, wie es am Anfang meiner Wanderung der

Fall war, als ich schon dachte, ich muss unter einer Brücke nächtigen.

Jedenfalls konnte ich mich mit meinem Anliegen bei der Dame an der Rezeption gut verständlich machen. Ihre Bemühungen waren auch beim ersten Anlauf von Erfolg gekrönt. Für mich war ein Schlafplatz für die nächsten 3 Tage in der „Residencia de Peregrino San Lazaro" reserviert, gleich am Stadtrand. Damit konnte ich der letzten Etappe am nächsten Tag ganz entspannt entgegen sehen.

Wäsche brauchte ich heute nicht mehr zu waschen. Ich nahm mir die Zeit und erkundete den Ort noch ein wenig. Vor allem den Weg zurück auf den Jakobsweg, da die Albergue doch etwas abseits in einer Nebenstraße lag. Wenn mich mein Orientierungssinn nicht ganz täuschte, musste die Straße von der Herberge wieder zurück zur Hauptstraße führen und somit zum Camino. Ich laufe morgens den gleichen Weg zurück. Auf all meinen Übungsstrecken war ich stets bemüht, Rundkurse zu wählen. An einem Tag möglichst nicht das Gleiche zweimal sehen, immer etwas Neues vor den Augen haben, das war meine Devise.

Diesmal wie erwartet, eine erholsame Nacht gehabt, ohne Chaoten usw. Das Frühstück war etwas spartanisch: 3 Frankfurter, ein Stück Baguette und einen Becher Kakao aus dem Herbergsautomaten, ein typisches Pilgerfrühstück eben. Der erste Espresso wartete heute in 2 Stunden auf mich. Dazu gab es noch einmal ein Stück Tortilla. Hatte diese Speise mittlerweile ins Herz geschlossen, sie war einfach schmackhaft.

Die Landschaft präsentierte sich auf der letzten Etappe nach Santiago eher unspektakulär. Es heißt langsam Abschied nehmen von den kleinen verträumten Dörfern mit ihren einfachen Menschen und den vielen frei laufenden Hunden, die nie eine Gefahr für mich darstellten sowie von den vielen Katzen.

Oft liefen die Katzen und Hunde nicht einmal rum, sondern schliefen nur in der Sonne. Die Einzigen, die meistens nur liefen bzw. wanderten, waren die Peregrinos – Pilger.

Seit einer Weile ging der Weg kontinuierlich bergab. Als ob er sagen wollte, es geht auf null Kilometer bis Santiago. Ich ließ das waldige Gelände hinter mir und der Camino führte zurück in die Zivilisation. Ich wanderte am Flugplatz von Santiago vorbei. Ich passierte die TU Station Espania und legte auf der Hochebene des Monte de Gozo am monumentalen Denkmal eine letzte Ruhepause ein. Von hier aus war es noch eine gute Stunde zu gehen bis nach Santiago. Am Monte de Gozo war mein T-Shirt wahrscheinlich das letzte Mal auf dem Jakobsweg durchgeschwitzt. Heute übrigens schon das zweite Mal am Tag. Das kannte ich aber schon. War zur Normalität auf dem Camino geworden.

Kurz nach der Überquerung der Autobahn AP9 erreichte ich nach der Querung eines Kreisverkehrs

Auf dem Monte de Gozo,
kurz vor Santiago de Compostela

die Residencia de Peregrino San Lazaro, mein Quartier für die nächsten 3 Tage. Die Residencia machte einen unbedeutenden Eindruck. Es war eine moderne Einrichtung mit Rezeptionsbüro, 2 Schlaftrakten mit mehreren Zimmern und einem zentralen Sanitärtrakt. An der Rezeption begrüßte man mich sehr herzlich. Ich zeigte meinen Pilgerausweis und trug mein Anliegen vor. Sagte auch, dass ich eine Reservierung für 3 Tage hatte. Die Seniora schaute in ihren Unterlagen nach und bestätigte meine Reservierung. Dann entrichtete ich meinen Obolus (24,- Euro für 3 Tage) – unschlagbar. Die Reservierung hätte ich mir bestimmt sparen können, in der Residencia standen noch genügend Plätze zur Verfügung. Meine Bleibe bestand aus einem geräumigen Zimmer mit insgesamt 5 Doppelstockbetten und einer Reihe von Schließfächern in Rucksackgröße. Im Zimmer waren nur vier weitere Pilger einquartiert. Das war sehr angenehm und sollte sich auch in den nächsten 3

Tagen nicht ändern. Ab heute wich ich von meinem alltäglichen Ritual ab. Für mich war nur Duschen, Einrichten und Umziehen angesagt.

Da es erst kurz nach Mittag war, standen noch zwei Punkte auf meinem Programm: 1. Busbahnhof und 2. Zentrum mit Pilgerbüro.

Die Estacion de Autobuses war knapp 30 Gehminuten vom Quartier entfernt. Ich machte mich auf den Weg. Am Bahnhof angekommen, suchte ich die Information auf. Dort brachte ich mein Anliegen vor – einmal von Santiago nach Hamburg. Ich wurde an den Schalter von Eurolinie verwiesen. Hier trug ich meinen Reisewunsch vor und erhielt für 161,- Euro ein Ticket nach Hamburg – Rentnertarif. Mir fiel ein Stein vom Herzen. Die schwierigste Passage meines Unternehmens war erledigt. Die Rückfahrt war bei der ganzen Planung meiner Wanderung nur informativ zu handhaben gewesen. Ticketkauf und

Reisetermin konnte ich vorher nicht genau anvisieren.

Nun schnell einen Anruf bei Tochter Jeannine tätigen, um meine Ankunft in Santiago kundzutun und meine gesicherte Rückkehr nach Deutschland mitteilen und dann auf in Richtung Kathedrale.

Ich suchte mir eine passende Buslinie und fuhr in Richtung Zentrum. Nachdem ich dem Fahrer mein Fahrziel mitgeteilt hatte, machte dieser mich ein paar Stopp's später freundlicher Weise darauf aufmerksam, dass ich hier aussteigen müsse und in diese Richtung gehen solle, um zur Kathedrale zu gelangen. Ich stürzte mich in das Gewühl. Die Gassen in Richtung Kathedrale wurden immer belebter. Das war Atmosphäre!

Unweit der Kathedrale wurde ich auf eine Anzeigentafel einer Bar aufmerksam. Die Werbung zeigte u. a. ein belegtes Baguette mit Steak und Zwiebeln. Sah absolut lecker aus und der Preis war auch in Ordnung. Sofort fiel mir ein, dass es Zeit war etwas Nahrung aufzunehmen. Meine letzte Mahlzeit lag schon ein paar Stunden zurück. Ich kehrte ein und ließ es mir schmecken. Ein leckeres Essen und dazu ein kühles San Miguel 0,0. Das war perfekt.

So gestärkt ging ich weiter in Richtung Praza do Obradoiro, dem Platz vor der Kathedrale. Ich ging durch ein Spalier von Souvenirläden und Bars sowie Restaurants. Es war überwältigend und würde sicherlich ein hohes Maß an Kaufdisziplin von mir erfordern, um nicht in einen Souvenirkaufrausch zu verfallen. Zum Glück waren meine Transport-möglichkeiten auch begrenzt. Außerdem hatte ich heute nicht vor, schon irgendwelche Mitbringsel zu kaufen. Das war erst am dritten Tag vorgesehen. Heute hatte ich nur noch ein Ziel: das Pilgerbüro aufsuchen und meine „Compostela" einzufordern.

Das Pilgerbüro befindet sich rechts hinter der Kathedrale in der Rua do Vilar.

Es war leicht ausfindig zu machen. Man brauchte nur nach dem Haus suchen, vor dem eine lange Schlange von Menschen wartete. An den Rucksäcken unschwer als Pilger auszumachen. Ich musste in den sauren Apfel beißen und mich ebenfalls anstellen, wollte ich in den Besitz der Pilgerurkunde kommen. Gedacht – getan. Nach ca. einer Stunde gelangte ich in die „heiße Zone" des Büros. Hier wurden an drei Tischen/Schaltern die Credencial's del Peregrino peinlich geprüft, um den Pilger für würdig zu befinden, die Compostela zu erhalten. Das war schon ein komisches Gefühl. Gut 400 km gegangen, um ein Stück Urkunde zu erhalten.

Dann war es soweit. Ich war an der Reihe. Die Seniora nahm meinen Pilgerpass entgegen und gab irgendwelche Daten in den Computer ein. Dann prüfte sie Vollständigkeit der Stempel. Schließlich nahm sie ein „Formular", trug etwas ein und

Fotoshooting am Praza de San Martino Penario

überreichte es mir, indem sie mich gleichzeitig beglückwünschte.

Ich begriff: Gerade hatte ich meine Compostela erhalten. Jetzt war ich nur glücklich und genoss den Augenblick. Dann entrichtete ich noch meine „Schreibgebühr" und kaufte einen Transportzylinder, um die Urkunde zusammengerollt unbeschadet nach Hause bringen zu können. Der Ablauf hier im Pilgerbüro war einfach nur perfekt organisiert.

Als ich in Richtung Ausgang ging, musste ich an der Schlange der wartenden Pilger vorbei. Ich hatte den Eindruck, sie sahen mir meine Freude an und teilten diese mit mir. In diesem Moment waren die Strapazen der zurückliegenden Zeit vergessen.

Nun brauchte ich nur noch ein passendes Beweisfoto von mir und meiner Errungenschaft. Die Kathedrale als Hintergrund war definitiv nicht geeignet – zu groß. Am Praza de San Martino Penario wurde ich fündig. Auf dem Platz stand ein Springbrunnen, den ich für meine Zwecke geeignet hielt. Nachdem ich ein paar Touristen mein Anliegen verständlich rübergebracht hatte, war das Fotoshooting im Kasten.

Ich erkundete noch etwas die Umgebung der Kathedrale und beschloss dann, mich auf den Rückweg zur Herberge zu machen. Das ganze natürlich zu Fuß. Sollte eigentlich kein Problem sein. Ich ging den Camino einfach nur ein Stück zurück. Da er unmittelbar an der Residencia vorbei führte, konnte ich mich nicht verlaufen. Ich ging also den in den Gehweg eingelassenen Muschelsymbolen in entgegengesetzter Richtung nach. Obwohl hin und wieder so ein Stolperstein fehlte (Ob sie zum Souvenir geworden waren?), funktionierte mein Plan ganz gut. Die immer gegenwärtigen gelben Pfeile sowie hier und da ein Wegweiser waren auch sehr hilfreich.

Unterwegs deckte ich mich noch mit ein paar Lebensmitteln für die nächsten zwei Tage ein. Dabei war meine größte Errungenschaft ein Kanten dunkles Rosinenbrot. Im Kopf kurz kalkuliert war damit auch mein Frühstück bis zum Abreisetag gesichert. In der Albergue gab es nur Automaten. Wäre zur Not auch gegangen. Am nächsten Morgen erwies sich der Kauf als richtig. Das Brot war sehr schmackhaft. Dazu einen Becher Kakao rundete die Mahlzeit ab. Zwei Häuser weiter befand sich eine Bar, in der ich meinen Durst auf Espresso stillen konnte. Nun konnte der Tag so richtig beginnen.

Ich bewegte mich erst einmal in Richtung Estacion de Autobuses. Mein heutiges Ziel war Finistere – das Ende der Welt. Dorthin waren drei Stunden Busfahrt angesagt. Ich hatte mir schon am Vortag die Abfahrzeiten am Busbahnhof besorgt. Also galt es nur noch, eine Fahrkarte kaufen und am Busbahnsteig auf den richtigen Bus warten, einsteigen und abfahren. Zuerst ging es eine gute halbe Stunde durch das Stadtgebiet von Santiago.

Das war sehr beeindruckend. Moderne Bauten wechselten sich ab mit historischen Gemäuern, Bürgerhäuser, Einkaufsmärkten sowie Grünanlagen hier und dort. Dann führte die Strecke noch ungefähr eine Stunde über Land, bis sich mir der erste Ausblick auf den Atlantik bot.

Auf der Rückfahrt begriff ich erst richtig, dass es sich um eine der unzähligen Buchten handelte, an denen die Küstenstraße nun 1 ½ Stunden entlang führte. Kleinere und größere Orte mit mediterraner Ausstrahlung wechselten sich ab mit grünen Landschaften und dazwischen ein 20-Minuten-Abschnitt verbrannte Erde. Schwarze Wiesen, Felder, Felsen und Mauern, dazu verkohlte Baumstümpfe. Mittendrin grüne ummauerte Oasen mit Wohnhäusern.

Jetzt verstand ich auch, warum in Spanien die meisten Gehöfte von Mauern umgeben sind und nicht von Draht- oder Holzzäunen. Immer wieder kann man in Deutschland in den Nachrichten die verheerenden Auswirkungen von Wald- und Landschaftsbränden o.ä. auch in Spanien hören und sehen. So eine Gegend hatte ich offensichtlich gerade durchquert. Die Straße führte weiter um eine Landzunge und noch eine Landzunge und, und, und dann – Finistere. Wie ein großer Finger zeigt die Landzunge in den Atlantik und ungefähr mittig erstreckt sich an der hinteren Seite der Ort Finistere mit seinen ca. 3.000 Bewohnern und den vielen Touristen und Tagespilgern.

Die Straße führt nun begab und der Bus hielt kurze Zeit später am Busbahnhof, der hier mehr oder weniger ein Ein- und Ausstiegspunkt war. Ich stieg wie alle anderen Fahrgäste (2/3 davon Pilger) aus und informierte mich erst einmal über die Abfahrzeiten der Busse zurück nach Santiago.

Ich hatte jetzt 3 ½ Stunden Zeit, um den Ort zu erkunden. Es war Mittagszeit und ich verspürte seit langem Hunger. Also steuerte ich eine der vielen Bars im Hafen an. Hier musste ich feststellen: Es gab entweder zu viel Plätze oder zu wenig Gäste. Die Bar, die ich auswählte, war leer. Ich war der einzige Gast. Dank der hervorragenden Werbung fiel meine Auswahl, was das Essen betraf, nicht schwer. Ich entschied mich für ein Steak mit Pommes. Dazu ein Alkoholfreies. Das Essen war sehr gut. Diesmal hatte ich offensichtlich nicht den zweitältesten Stier Spaniens erwischt. Den Ältesten gab es ja schließlich schon in Pamplona.

Vom Hafen zum Cap Finistere waren es rund 3 km. Das passte in meinen Zeitplan. Ich machte mich auf den Weg. Kurz hinter dem Hafen kam auch die kleine Bucht, die zum Baden geeignet war. Den Tipp hatte ich in der Residencia von meinem Bettnachbarn bekommen. Er war schon ein alter Hase auf dem Camino – das 7.Mal. Für mich unvorstellbar. Ich beschloss: Auf dem Rückweg vom Cap muss ich unbedingt das Wasser des Atlantiks testen. Wozu hätte ich auch sonst meine Badehose mitnehmen sollen? Hier in Spanien benötige ich eine

Hose zum Baden aus Rücksicht auf die landesüblichen Gepflogenheiten. Zu Hause gehe ich generell ohne Badehose in meinem Haussee – dem Liepnitzsee – baden. Fühlt sich irgendwie freier an.

Aber bevor ich mir das Vergnügen im Atlantik gönnen wollte, ging es erst einmal gut 3 km permanent leicht bergauf. Wie konnte es auch anders sein. Dann endlich hatte ich das „Ende der Welt" erreicht und gleichzeitig das Ende des Camino. Ich lasse mich am Fuß des Pilgerdenkmals nieder und genieße einfach nur die traumhafte Aussicht. Ich bin glücklich und zufrieden. Vergessen sind in diesem Moment die Strapazen des Weges, die teilweise unschönen Nächte, die Gedanken: abbrechen, nach Hause fahren oder weitergehen und ankommen. Ich habe meinen eigenen Jakobsweg gefunden und bin angekommen!

Bevor ich mich auf den Rückweg machte, erstand ich ein Souvenir. Dazu noch zwei kleine Andenken.

Am Ende der Welt

Eines davon – ein kleiner Rucksack bzw. ein Beutel für Sportsachen – ist bis heute mein ständiger Begleiter auf meinen Wanderungen ohne großes Marschgepäck. Nur eine Kleinigkeit zu essen und eine 0,5 l Flasche mit Leitungswasser. Mehr benötige ich nicht für meine Touren.

Mein nächstes Ziel ist die Badestelle in der kleinen Bucht. Ich hatte neben meinen Badegelüsten noch eine wichtige Aufgabe zu erledigen. Ich trug noch immer einen flachen Stein bei mir, den ich ursprünglich traditionsgemäß am Cruz de Ferro ablegen wollte. Eine wohl symbolische Geste zum gleichzeitigen Ablegen aller Sorgen und zum Gedenken an liebe Menschen, die man verloren hat. Da ich die Passage mit dem Bus fuhr, konnte ich diesem Ritual nicht nachkommen. Ich beschloss, meine eigene Symbolik zu finden und den Stein im Atlantik, am Ende des Jakobsweges, zu versenken.

An der Badestelle angelangt, machte ich mich wasserfertig. In der Bucht hielt sich nur ein älteres

Ehepaar auf und sonnte sich. Als der Mann meine Vorbereitungen wahr nahm, kam er zu mir und gab mir mit Gesten zu verstehen, dass es zum Baden viel zu kalt sei. Ich schrieb eine geschätzte 18° C Wassertemperatur in den Sand. Er schüttelte den Kopf, strich die 18 ° durch und schrieb eine 15° C daneben. Zu seinem sicher gespielten Unverständnis ging ich trotzdem ins Wasser. Für mich war es sehr angenehm. Ich gehe in meinem Haussee auch bei 4° C Wassertemperatur baden. Der Mann war inzwischen zu seiner Frau zurück gekehrt. Beide amüsierten sich darüber, mit welcher Begeisterung ich mich im Atlantik tummelte. Ich ging insgesamt 3x Baden. Beim dritten Mal übergab ich den Stein den Fluten des Atlantiks. Das wurde eine internationale Begegnung. Ein deutscher Pilger nimmt einen österreichischen Stein und übergibt ihn dem spanischen Atlantik.

Den Stein hatte ich nämlich aus meinem letzten Urlaub in Österreich aus meinem Lieblingsflussbett

eigene Symbolik im Atlantik

mitgenommen. Hier machte ich jeden Tag im Urlaub morgendliches Wassertreten. Soll laut Kneipp irgendwie gesund sein. Ich machte es jedoch einfach, weil ich es wollte und weil es mir gut tat. Mit der Versenkung des Steines im Atlantik hatte ich also auch diese Mission meiner Wanderung erfüllt. Danach ging ich zurück zur Estacion de Autobuses. Bis zur Abfahrt war noch etwas Zeit. Genau genug, um noch ein Eis und einen Espresso zu genießen.

Wieder im Bus ließ ich meinen Gedanken und Eindrücken freien Lauf. Links die bergige Landschaft, rechts der Atlantik. Ich wollte so viel wie möglich in mich aufnehmen, denn ich wusste, noch einen Tag Aufenthalt in Santiago de Compostela und dann heißt es Abschied nehmen vom Jakobsweg, von meinem Abenteuer. Sentimental, wie ich nun einmal veranlagt bin, beschlich mich etwas Traurigkeit.

Atlantik

Wieder in Santiago machte ich mich frisch und ging nebenan in die Bar, um noch was zu essen. Sozusagen meine Henkersmahlzeit. In der Residencia ordnete ich dann meine Sachen. Außerdem Tagebuch schreiben und keine Tourenplanung für den nächsten Tag. Ich beschloss, meinen Wanderführer der hauseigenen Bibliothek zu überlassen. Den brauchte ich mit Sicherheit nicht mehr. Von meinem Fotoapparat trennte ich mich auch. Das letzte Bild war geschossen, die Filme waren voll. Außerdem war er offensichtlich in die Jahre gekommen. Aussetzer beim Knipsen, eine verlorene Abdeckung des Batteriefaches und die Erkenntnis, dass man mit moderner Digitaltechnik auf dem Camino auch gut zurecht kommt, führten letztendlich dazu, dass ich ihn entsorgte.

Für den nächsten Tag war nur noch ein ruhiger Ausflug nach Santiago-Centre vorgesehen. Ein paar Souvenirs kaufen, eine Post suchen. Ich musste noch

12 Ansichtskarten abschicken. Eventuell der Kathedrale von innen einen Besuch abstatten, an der Pilgermesse teilnehmen. Als ich mich dem Platz vor der Kathedrale näherte, gab ich letzteren Gedanken wieder auf. Himmel und Menschen hielten sich vor dem Portal auf und hofften, Einlass zu bekommen. Es war noch nicht einmal um 11:00 Uhr und die Messe begann erst um 12:00 Uhr. Wann muss man sich da anstellen? Aber heute war Freitag und freitags wird anlässlich der Messe der überdimensionale Weihrauchkessel geschwenkt. Sicher ein tolles Erlebnis.

Ich streifte daraufhin kreuz und quer durch die gut gefüllten Gassen und ließ mich von den Touristenströmen treiben. Hier und da prüfte ich die Auslagen der ungezählten Andenkenläden. Da ich bei meinem Badeabenteuer im Atlantik keine Muscheln gefunden hatte, kaufte ich zwei Jakobsmuscheln. Eine größere für meinen Freund Holger, der mir vor meiner Wanderung eine Muschel schenkte, die er von einem seiner mittlerweile über 1000 Tauchgängen mitgebracht hatte. Und eine kleinere Muschel für mich. Sie ziert heute den Rahmen, in dem meine Compostela ihren Platz gefunden hat. Ganz wichtig erschien mir ein Andenken an die zwei Symbole, die mir so zuverlässig den Weg gewiesen hatten: der gelbe Pfeil und die Jakobsmuschel. Ein kleiner Grenzstein, der beide Symbole vereinigte, schien mir als Erinnerung am besten geeignet.

Meinen Hunger stillte ich noch einmal in der Bar, in der ich am Tag meiner Ankunft in Santiago schon eingekehrt war. Ich wollte nur Bekanntes essen, nachdem ich heute Vormittag schon Tapas mit irgendwelchem Fisch zu mir genommen hatte. Nichts gegen Fisch und nicht, dass dieser nicht geschmeckt hätte, aber früh um halb zehn steht Fisch bei mir nicht auf dem Speiseplan. Ich hatte da auch noch 6 Stück bestellt…

Den Rückweg zur Albergue legte ich zu Fuß zurück. Unterwegs kaufte ich mir etwas fürs Abendessen und etwas Notproviant für die Rückfahrt. Da es noch früh am Abend war, ging ich nach dem Essen auf ein San Miguel 0,0 nach nebenan in die Bar. Einen kleinen Snack gab es dort gratis zum Getränk – Gastfreundschaft pur. Anschließend war noch ein bisschen lesen angesagt und dann schlafen.

Den nächsten Tag konnte ich entspannt angehen. Der Bus fuhr laut Plan um 11:30 Uhr und der Fußweg bis zur Estacion de Autobuses beträgt ca. 30 Minuten. Die verbleibenden Stunden bis zur Abfahrt gestalteten sich unspektakulär. Frühstück mit Rosinenkuchenbrot und Kakao, danach Sachen packen. Meinen Schlafsack ließ ich als Spende zusammengerollt auf meinem Bett liegen. Ich verlor dadurch ein wenig an Transportgewicht und gewann etwas an Stauraum für spanischen Kaffee. Hatte mir solchen gekauft, um später in der Heimat den

Espresso nachwirken zu lassen. Würde wieder eine internationale Angelegenheit werden, spanischer Espresso im italienischen Kaffeebecher auf deutschem Boden. Meine treuen Nachtbegleiter würde ich mit aller Wahrscheinlichkeit nicht noch einmal gebrauchen. Der Abschied im Rezeptionsbüro fiel überaus herzlich aus. Müsste ich noch einmal in Santiago de Compostela nächtigen, würde ich mir einen Credencial del Peregrino besorgen und hier in der Residencia de Peregrino San Lazaro einkehren.

5.   Die Rückkehr

Ich verließ die Residencia und blickte noch einmal etwas wehmütig zurück. In den drei Tagen meines Aufenthalts in Santiago war sie mir eine sichere Bleibe geworden. Den Weg zum Estacion de Autobuses legte ich zu Fuß zurück. Noch einmal wandern. Allerdings hatte ich mein Ziel schon nach 30 Minuten erreicht. Bis zur Abfahrt meines Busses waren noch 1 ½ Stunden Zeit. Im Bistro des Busbahnhofes genehmigte ich mir ein zweites Frühstück oder ein vorgezogenes Mittagessen. Sicher ist sicher. Ich hatte zwar noch etwas Proviant im Marschgepäck, konnte dieses aber in Reserve behalten.

In der Vorhalle des Busbahnhofes muss ein Bettler seinen Narren an mir gefressen haben. Ich gab ihm einen Euro und wurde ihn danach nicht mehr los. Er muss mich wohl mit einer Bank verwechselt haben. Da ich noch etwas „Nachpost" zu erledigen hatte, erkundigte ich mich nach einer Post. Nur drei Gehminuten vom Bahnhof entfernt befand sich eine solche. Das konnte ich riskieren ohne Gefahr zu laufen, den Bus zu verpassen. In der Post erfolgte die Abfertigung relativ schnell und unkompliziert. Das hätte ich früher wissen müssen. Dann hätte ich mir die nervige Prozedur im Zentrum von Santiago mit Wartenummer ziehen etc. sparen können. Nun, wie heißt es so schön: Das nächste Mal ist man schlauer. Mein Gang zur Post hatte einen weiteren angenehmen Nebeneffekt. Ich war den Bettler los. Er hatte eine andere „Bank" gefunden. In der Halle traf ich das Geschwisterpaar aus Azofra wieder. Sie hatten es auch geschafft und sich für die Heimreise mit dem Bus entschieden. Da hat man genügend Zeit, den Camino nachwirken zu lassen. Mit dem Flugzeug ist man wie weggerissen. Wir philosophierten noch ein wenig über den Jakobsweg und die Gefahr seiner Kommerzialisierung. Dann verabschiedeten wir uns. Ihr Bus wurde bereitgestellt und ich suchte meinen Bahnsteig auf, um auf meinen Bus zu warten. Kurze Zeit später war es soweit. Mein Bus fuhr ein.

Das Einchecken verlief wieder reibungslos. Gepäck der Fahrgäste nach Hannover als erstes und zum Schluss das der Reisenden nach Hamburg. Sitzplätze waren nicht reserviert. Jeder konnte sich platzieren wo gerade frei war. Der Bus war zu 2/3 gefüllt. Ich hatte einen Fensterplatz in der Mitte des Busses belegt. Wollte noch so viel wie möglich von Spanien mitbekommen. Pünktlich um 11:30 Uhr verließ der Bus den Estacion de Autobuses von Santiago de Compostela. Adieu Santiago.

Kurze Zeit später erreichten wir schon die Autobahn. Diese verließen wir aber hinter der Stadtgrenze wieder und fuhren weiter auf der N547 (Schnellstraße) in Richtung Lugo. Von Lugo aus fuhren wir weiter über Ponferrada nach Astorga und dann nach Leon. Von Leon aus war das nächste Ziel Suco, ein großer Autohof am Stadtrand von Burgos.

Hier war nach ca. 7 ½ Stunden Busfahrt und mehreren kurzen Stopps eine Pause von einer guten Stunde vorgesehen. Gleichzeitig war dies der Umsteigepunkt. Hannover und Hamburg wurden jetzt getrennt.

Beim Verlassen des Busses gab der Fahrer allen zu verstehen, dass das Gepäck unter Verschluss im Bus verbleibt und erst nach dem Eintreffen des anderen Tourenbusses herausgegeben wird. Zu guter Letzt bekam jeder noch seine künftige Busnummer mitgeteilt – ich erhielt einen Zettel mit der Nummer 350 – und dann war Freizeit angesagt.

Ich nutzte die Gelegenheit, um mich zu stärken und meine Proviantreserven etwas aufzustocken. Bisher war ich ganz gut zurande gekommen. Einen letzten spanischen Espresso gönnte ich mir auch noch. Er schmeckte ganz gut, aber die Atmosphäre des Wanderns war nicht mehr gegeben. Anschließend suchte ich mir etwas abseits ein Plätzchen zum

Verweilen und beobachtete die Betriebsamkeit auf dem Rasthof. Es war ein ständiges Kommen und Fahren. In dieser Größenordnung hatte ich so etwas noch nicht gesehen. Schließlich begab ich mich wieder in Richtung Bus. Zu diesem hatten sich zwei weitere dazu gesellt mit Nummern hinter der Frontscheibe. Eine davon lautete 350. Meine Weiterfahrt war gesichert. Pünktlich zur vereinbarten Zeit erschienen die Fahrer und die Verteilung des Gepäcks begann. Das nenne ich mal perfekte Organisation. Jetzt hieß es nur noch: einsteigen, Platz suchen und losfahren. Auch dieses Mal waren wieder zwei „frische Fahrer" an Bord. Los ging es in Richtung Paris.

Bilbao und San Sebastian sowie Bordeaux passierten wir nachts. In Bilbao beeindruckte mich die Helligkeit der Straßenbeleuchtung und die Verkehrsführung. San Sebastian und Bordeaux musste ich verträumt haben. In den Vormittagsstunden näherten wir uns Paris.

Schon von weitem war eine riesige hellgrau-weiße zerklüftete Masse wahrzunehmen. Beim Näherkommen entpuppte sich diese Masse als das Stadtgebiet von Paris. Für mich ein überwältigender Anblick. Ich wusste gar nicht, wo ich zuerst hinschauen sollte. Meine Augen saugten die Eindrücke förmlich in sich auf. Diese Stadt verdiente wirklich die Bezeichnung Metropole. Leider konnte der Busfahrer keine Rücksicht auf Empfindlichkeiten nehmen. Die nächste größere Städtequerung war schon nicht mehr in Frankreich, sondern in Belgien – Brüssel.

Zu Brüssel kann ich keine so innige Beziehung aufbauen wie zu Paris, der Stadt der Liebe. Mit Brüssel verbindet sich immer ein gewisser Beigeschmack, der EU heißt. Mit all seinen sinnvollen und weniger sinnvollen Regelungen. Zum Glück sind alle Eindrücke subjektiv behaftet. Also schnell durch.

Langsam stellt sich die Dämmerung wieder ein. Die deutsche Grenze passieren wir schon im Dunkeln. Kurz hinter der Grenze gibt es einen nicht geplanten Zwischenaufenthalt. Zwei Beamte der Bundespolizei gehen durch den Bus und führen Kontrollen durch. Als sie den Bus wieder verlassen, sind vier Fahrgäste weniger an Bord... Kommentare von Mitreisenden: „Man merkt, wir sind wieder in Deutschland." Sie hatten wohl schon des Öfteren solche Erfahrungen gemacht. Da konnte ich nicht mitreden. Dies war meine erste Busfernreise.

Eine ganze Weile später schreckte ich auf und wollte schon aussteigen. Es war 00:30 Uhr und ich dachte, wir sind schon in Hamburg. Dann bekam ich aber mit, dass der Bus gerade in Bremen hielt. Eine Stunde Verspätung auf Hamburg. Bei der Entfernung Santiago-Hamburg durchaus akzeptabel. Dafür blieb ich nun bis Hamburg wach.

Endlich in Hamburg angekommen, bekam ich noch einen Tipp von einem Mitreisenden, der ebenfalls den Jakobsweg gegangen war und in Hamburg wohnte. Gleich in der Nähe des Busbahnhofes gab es eine Reihe kleinerer Pensionen und Hotels, die erschwinglich waren. Ich wurde recht schnell fündig. Für 70,- Euro hatte ich für den Rest der Nacht ein Dach über dem Kopf und das Frühstück war gesichert. Obwohl es schon lange nach Mitternacht war, duschte ich erst einmal ausgiebig und schaute noch eine halbe Stunde in die „Röhre". Ich wollte einfach nur etwas in deutscher Sprache sehen … Irgendwann schlief ich dann ein.

Das Frühstück am Morgen erfüllte alle meine Erwartungen, vor allem normaler Kaffee. Um 08:15 Uhr checkte ich aus. Fünf Minuten später war ich bereits am Busbahnhof. Hier ging ich an der Reihe der abgestellten Busse entlang. An den Bussen waren die Fahrziele gut zu erkennen. Ein Bus der Linie „Mein Fernbus" wies die Strecke Berlin-Hamburg-Berlin aus. Am Einstieg war auch

Bewegung zu erkennen. Ich sprach den Fahrer an, ob der Bus in Richtung Berlin fährt und ob noch ein Platz frei wäre. Beides war der Fall. Die Frage nach einem Fahrschein konnte ich auch gleich beim Fahrer klären. Entweder am Schalter in der Busbahnhofshalle einen Fahrschein kaufen oder für 2,- Euro mehr direkt bei ihm. Der Bus fuhr in 5 Minuten. Für 23,- Euro war ich dabei. Besser konnte es nicht klappen und der Mehrpreis war mir ziemlich egal. Ich war meinem Ziel, wieder nach Berlin zu kommen, einen letzten entscheidenden Schritt näher gekommen. Jetzt hieß es nur noch einsteigen und nach Berlin fahren lassen. Dabei Landschaft anschauen. 3 ½ Stunden später fuhr der Bus im ZOB Berlin ein. Ich war begeistert von der Einrichtung Fernbus.

Als nächstes galt es, meine Wiederkehr meiner Tochter Yvonne kund zu tun. Sie arbeitet in der Nähe – eine Stunde zu Fuß – und hat um 14:00 Uhr

Feierabend. Wir hatten vereinbart, dass ich zu ihr komme und sie mich dann nach Hause bringt. Auf dem Weg zu ihrer Arbeitsstelle musste ich unbedingt noch einen Imbiss finden. Mir war einfach nach Bratwurst, Currywurst oder/und Boulette zumute. Hatte alles doch ein wenig vermisst. Ich musste feststellen, dass es in Berlin-Charlottenburg nicht leicht war, einen typischen deutschen Imbiss zu finden. Schließlich war mir die Nationalität gleichgültig, mein Hunger siegte. Gestärkt nahm ich das letzte Stück Weg in Angriff.

Am Ziel angekommen, verweilte ich noch die verbleibende Zeit auf einer Bank in der Parkpromenade an der Spree und las ein paar Seiten im E-Book. Das sich anschließende Wiedersehen mit Tochter Yvonne war überaus herzlich. Die Heimat hatte mich zurück…

Unser erstes Ziel war das Kaufland in Oranienburg. Ich musste erst einmal meinen Bedarf an

Grundnahrungsmitteln decken. Und dann war es endlich soweit: Unmittelbar vor Kaufland ein deutscher Imbiss mit echter Bratwurst – ohne Worte. Eine halbe Stunde später fand mein Abenteuer sein Ende: Waldsiedlung, Schubertstraße 1. Und hinter der Wohnungstür ein herzliches Willkommen, ganz lieb gestaltet von meiner Liebsten und mit Schokolade …

6.   Gedanken danach

Wieder in der Heimat angekommen, dachte ich, damit ist das Thema Jakobwegs für mich ein für alle Mal erledigt. Sicher werde ich hier und da noch über meine Wanderung, meine Erlebnisse, Erfahrungen und Begegnungen berichten, aber nach und nach mich vom Camino verabschieden. Genau das Gegenteil war der Fall.

War es der Stolz, mit dem Jeannine darauf verwies, dass ich gerade vom Jakobsweg zurück gekehrt sei, als wir die Kinder abholten, war es mein Wiedersehen mit Rita am Wochenende, die so viel Liebe und Freude erkennen ließ, besonders als ich meinen ersten Anruf aus Spanien mit ihr tätigte. Manchmal merkt man erst richtig, wie gern man einen Menschen hat, wenn dieser weit entfernt ist. Waren es die Gespräche mit Holger, Hartmut, Wolfgang, Monika, den Heiligenstädtern, nicht zuletzt mit meinem großen Bruder Klaus, dessen handgeschnitzter Wanderstock immer noch symbolisch in unserem Themenzimmer hängt und, und, und. All dies trug sicher dazu bei, dass in meinem tiefsten Inneren der Gedanke keimte, dass der Jakobsweg für mich noch lange nicht erledigt ist.

Ich weiß nicht mehr genau, war es nach dem dritten oder vierten Tag oder nach einer Woche meiner Rückkehr aus Santiago de Compostela, als sich eine tiefe Sehnsucht in mir ausbreitete. Ich begann mich nach den langen Wanderungen zu sehnen, nach den Weiten der trockenen Landschaft, nach den steinalten Dörfern mit ihren verschlafenen Hunden und den vielen Katzen und nicht zuletzt nach den einfachen Menschen, denen ich auf dem Jakobsweg begegnete, die zahllosen Bars mit den viel zu kleinen Kaffeetassen, dem Espresso, dem Brombeer- und Traubennaschen.

Was mir besonders fehlt, ist der rituelle Tagesablauf, dem ich mich unterzogen hatte: Frühes aufstehen, los wandern im Dunkeln in den Tag hinein, die Pausen, das Ankommen am Zielort, die Relaxphase, das Erkunden der Umgebung, einschließlich der Lesepausen, die Tagesauswertung/Tagebuch schreiben und Tourenplanung für den nächsten Tag und die allabendlichen Versuche einzuschlafen.

Gleichzeitig begann ich mich kritisch und selbstkritisch mit meiner Wanderung auseinanderzusetzen. Dabei kam es mir auch besonders darauf an, nicht zu vergessen, dass es auch eine Phase auf dem Camino gab, in der ich am liebsten eher heute als morgen das Ganze abgebrochen hätte. War meine Erwartungshaltung in bestimmten Dingen zu hoch? Diese Frage musste ich mir unbedingt stellen. Im Vorfeld war ich darauf eingestellt, dass der Jakobsweg zu dieser Zeit gut begangen war, aber mit so einem Ansturm hatte ich nicht gerechnet. Für mich ist auch der ursprüngliche Sinn des Caminos teilweise verloren gegangen.

Befremdlich für mich war auch die Verschmutzung, auf die man rechts und links des Weges traf, Verschmutzungen nicht von irgendwem, sondern eindeutig von den Wanderern verursacht. Der zweite große Störfaktor waren oftmals die Bedingungen in den Herbergen. Damit sind nicht die Schlafbedingungen oder die Sanitäranlagen gemeint. Letztere waren von sehr gut bis akzeptabel. Das Problem bestand darin, dass man abends oftmals schwer zur Ruhe gekommen ist. Besonders das südländische Temperament machte mir oftmals zu schaffen. Irgendetwas musste bei den Mitwanderern aus diesen Regionen unseres Planeten wahrscheinlich immer in Bewegung sein, und wenn es nur das Mundwerk war…

Hinzu kommen die allgegenwärtigen Errungenschaften der neuen Technik – Handys und Smartphone. Dank der meist gut ausgestatteten Herbergen mit Steckdosen brauchte man auch nicht unbedingt Rücksicht auf den Ladezustand seines Handys ec zu nehmen. Etwas mehr Rücksicht auf das Empfinden der Mitpilger wäre manchmal doch sehr wünschenswert. Diese Umstände führten dazu, dass ich hin und wieder nachts nur 2 – 3 Stunden Schlaf fand. Erstaunlicher Weise war ich tagsüber nie irgendwie richtig müde oder erschöpft. Vielleicht sind diese Empfindungen meinerseits auch nur subjektiver Natur und machen das eigentliche, normale Leben aus; vielleicht bin ich mit meinen fast 63 Lenzen auch nur etwas empfindsamer gegenüber der Umwelt geworden. Diese Möglichkeit möchte ich nicht unbedingt ausschließen.

Mache ich mir die Mühe und stelle meine positiven Eindrücke und Erlebnisse auf dem Camino den negativen Gegebenheiten gegenüber, so entsteht am Ende doch ein deutliches Plus auf der Habenseite. So einfach und rationell lässt sich so ein Unternehmen nicht einordnen. Erst die Betrachtung meiner

Wanderung mit gebührendem Abstand kann eine objektive Einschätzung zur Folge haben.

Diese Herangehensweise bei der Einordnung bestimmter Entwicklungen, Erscheinungen, Erlebnisse hatte ich mir in der Vergangenheit oft zum Prinzip gemacht, um mir ein klares Urteil bilden zu können. Mit dem Jakobsweg funktioniert das nicht ganz so. Zurückblicken – analysieren – schlussfolgern – und Schublade schließen. Irgendwie ist der Camino nicht mehr aus meinem Kopf herauszubringen. Immer wieder bleiben meine Gedanken an bestimmten Erlebnissen oder Begebenheiten hängen oder schweifen ab. Auch die Gespräche, die ich nach wie vor mit Freunden und Bekannten über den Jakobsweg führe, tragen dazu bei, dass das Thema Camino nicht zu den Akten gelegt ist.

Hinzu kommt, dass ich vor einem halben Jahr damit begonnen habe, meine Gedanken über den

Jakobsweg zu Papier zu bringen, sozusagen meine Tagebuchaufzeichnungen aufzuarbeiten. Dabei musste ich gleich am Anfang feststellen, dass mir eine wichtige Arbeitsgrundlage fehlte – mein Wanderführer. Dieser lag wie erwähnt in Spanien/Santiago de Compostela/Residencia de Peregrino San Lazaro! Ich war ja 100% ig davon überzeugt, dass ich speziell einen Wanderführer über den Jakobsweg mit Sicherheit nicht noch einmal benötigen werde. Und nun das!

Also musste mein nächster Weg erst einmal zu meinem Haus- und Hofbuchladen in der Bahnhofspassage in Bernau führen, um einen neuen Wanderführer zu erstehen. Gesagt – getan. Zwei Wochen später hatte ich wieder ein Exemplar dieser mir ach so vertrauten Lektüre in der Hand…

Nun gab es keinen Grund mehr, mich vor dem Schreiben zu drücken. Für mich stand ja von Anfang an fest, dass ich meine Beweggründe und meine

Erlebnisse auf dem Jakobsweg zu Papier bringen werde, bloß der Zeitpunkt des Beginnens musste erst noch kommen. Das Schreiben wie der Camino überhaupt, musste etwas Besonderes werden.

Als erstes galt es, den geeigneten Ort zu finden. Ich entschied mich für den Wohnzimmertisch. Hier hatte ich die Compostela immer vor den Augen und konnte am besten meinen Gedanken nachgehen. Da es nur ein paar Seiten werden sollten, entschied ich mich für etwas besseres Schreibpapier, unliniert mit Linienblatt. Natürlich musste ich auch unbedingt mit dem Füllfederhalter schreiben. Es sollte ja etwas Besonderes werden und das schreibt man mit dem Füller. Aus diesem Grund kramte ich mein uraltes Schreibetui wieder hervor. Der hier enthaltene Füller schien mir genau der richtige zu sein. Er war zwar noch nicht so alt wie der Camino, aber immerhin hatte ich auf der Innenseite des braunen Ledernisses meine Adresse geschrieben: W. Keßler, 1025 Berlin, Werneuchener Straße 24. Interessant war die

Postleitzahl. Sie war irgendwann in den achtziger Jahren des vorigen Jahrhunderts aktuell. Ich wohnte von 1983 – 2000 in Berlin/Hohenschönhausen.

Nachdem ich mir noch zwei Packungen Füllhalterpatronen besorgt hatte, konnte es mit dem Schreiben endlich losgehen.

Ich hatte auch schon konkrete Vorstellungen davon, wie ich beginnen würde. Dabei ließ ich mich von meinen Erfahrungen leiten, die ich in früheren Studienzeiten bei der Erarbeitung bestimmter Niederschriften gesammelt hatte. „Gerüst" bauen; sprich Gliederung erstellen, durchdenken und dann beginnen, diese Punkt für Punkt abzuarbeiten.

Ein wesentlicher Unterschied zu früher Geschriebenem bestand schon. Wenn sonst immer äußerer Zwang, Zeitdruck ec. beim Schreiben dahinter stand, konnte ich mir jetzt Zeit lassen, schreiben, wenn mir danach war, wenn und wann ich Lust dazu verspürte. Das war eine ganz andere

Qualität. So füllte sich Seite für Seite, leerte sich eine Füllerpatrone nach der anderen. Das Papier aus dem exklusiven Schreibblock war schon lange Vergangenheit. Ich habe schließlich auf schnödes Druckerpapier zurückgegriffen. Mittlerweile macht mir das Schreiben richtig Spaß. Und das Besondere dabei ist, dass ich den Jakobsweg in Gedanken ein zweites Mal gegangen bin. In meinem tiefsten Inneren ist schon lange der Entschluss gereift, den Camino noch einmal zu gehen.

Zum Schluss noch die „Worte zur Nacht", mit denen ich meine Tagebucheintragungen täglich beendet habe und die meine Stimmung eingefangen hatten: Na dann, gute Nacht! Das war's, gute Nacht! Gute Träume! Ist kein Hitzestich, gute Nacht! Schauen wir mal, Nacht dann! Ein 0,0 San Miguel aus dem Hahn schmeckt sehr gut und ist kalt. Bis später, Nacht! Genug palavert, bis morgen! Na dann, gute Nacht! Ich zieh hier nicht her(!), tschüß dann!

Irgendwann schlafen, Nacht! Na dann bis morgen; bessere Nacht! Schön, tschüß! Also bis morgen! Ich geh jetzt auf Nahrungssuche, adieu! Jetzt schau ich mir den Ort an, bey, bey! Gute Nacht! Na dann, auf geht's, morgen (40 km bis S.d.C.)! Tschüß! Ich habe sie bekommen, die Pilgerurkunde, „Compostela" genannt! Adieu Jakobsweg!

Anmerkungen

Besonderen Dank möchte ich meiner Nichte Petra und ihrem lieben Mann Herbert sagen; Petra hat sofort und uneigennützig sich bereit erklärt, meine nicht immer einfache Handschrift in einen lesbaren Zustand zu versetzen und Herbert hat sicher so manche Stunde auf seine bessere Hälfte verzichten müssen.

Meine geplante 2. Wanderung auf dem Jakobsweg von Somport nach Santiago de Compostela mußte ich auf Grund einer Krebserkrankung verschieben.

Derzeit arbeite ich an der Wiederherstellung meiner körperlichen Leistungsfähigkeit, um 2016 mein nächstes Erlebnis Jakobsweg verwirklichen zu können.

E ultreia – e susea

Weiter und voran!

Zeitfracht Medien GmbH
Ferdinand-Jühlke-Straße 7
99095 Erfurt, Deutschland
produktsicherheit@kolibri360.de